Moras y cristianas

Ángeles de Irisarri
Magdalena Lasala

Moras y cristianas

Prólogo de
Rosa Regàs

CÍRCULO DE LECTORES

PRÓLOGO

Un milagro de la vida cotidiana

Rosa Regàs

No siempre es indispensable que se rasgue la bóveda celestial o se abran los mares o comience el sol a dar vueltas sobre sí mismo, para que asistamos al espectáculo o al fenómeno que llamamos milagro. A veces basta con que coincidan unas palabras, aparezcan unas imágenes, suenen unas notas. Surge entonces diáfana la melodía, el verso, el pensamiento, aunque las más de las veces, ni siquiera reparamos en que se trata de un verdadero milagro y andamos buscando explicaciones científicas que tranquilicen nuestra razón.

Así fue como yo, ausente o tal vez escéptica, asistí al encuentro casual de Ángeles de Irisarri y Magdalena Lasala en la Feria del Libro de Zaragoza de 1996. Estábamos las tres frente al público esperando a que se acercaran los lectores con nuestros libros para dedicárselos. Nos habíamos conocido aquella tarde, que fue calurosa y larga, y apenas habíamos cruzado unas palabras. Al atardecer entró una brisa que refrescó el ambiente y de pronto, tal vez por el tiempo que llevábamos juntas o quién sabe si porque se había creado entre nosotras una corriente de vaga complicidad, nos sentimos, las tres, como viejas amigas. Y fue en aquel momento, mientras yo firmaba uno de los últimos ejemplares del día, cuando las oí hablar del proyecto de una colaboración, de unos cuentos, de unas mujeres... Distraída como estaba, o mejor aún, poco habituada a interpretar los signos que me ofrece la realidad, no fui capaz de darme cuenta de que asistía a un pequeño milagro de lo cotidiano. Sólo al cabo de unos meses, cuando, sin que terciara entre ellas y yo ninguna otra notificación, recibí el manuscrito de *Moras y cristianas,* entendí que aquellas palabras que yo había oído distraídamente habían sido algo más que una de esas promesas de colaboración que, aun estando dispuestos a cumplir, dejamos perderse en el torbellino de nuestro trajín diario, de nuestro ir y venir por tantos caminos y torrenteras. Sí, me dije a medida que avanzaba en la lectura, era difícil prever que de mujeres tan distintas, con objetivos tan dispares, pudiera salir una colaboración tan estrecha, una obra tan lograda, tan unitaria, tan rigurosa, amable y deliciosa. Y, sin embargo, reconozco ahora, que en esa misma diferencia radicaba el secreto que explicaría esa participación, esa complicidad íntima e intelectual que da al libro su nota más característica, la unidad dentro de tan grande diversidad. Y mientras descubría las historias de las esclavas, de las prostitutas, de las poetisas y de las sultanas y reinas, iba entendiendo poco a poco el misterio, como quien desenreda una madeja y hace con ella un ovillo. Porque además las autoras procedían de tan distintos ámbitos de pensamiento que lo más normal habría sido una incomprensión primera y, de solventarla, un desacuerdo posterior, el enfrentamiento y finalmente la estéril separación. Y, sin embargo, iba percibiendo al mismo tiempo que en la confrontación de esos talantes se encontraban los elementos que harían posible esa unión fulgurante de pensamientos, de investigaciones y de lenguajes iniciados desde extremos casi opuestos para converger en una visión global de lo que sintieron y fueron aquellas mujeres de la Alta Edad Media, cuyas angustias, irritaciones y anhelos constituyen de algún modo la premonición de los nuestros y anticipan el camino que la historia de tantas mujeres habría de seguir, mejorar, desarrollar. Y así fue como elaboraron una visión infinitamente más rica que la del punto de vista individual, una visión que contiene además mezclas singulares y combinaciones originales y sorprendentes que, como en una química de conocimientos e intuiciones, producen elementos distintos que ya nada tienen que ver con los que constituyeron el punto de partida de la investigación primera, más completos y más cabales porque alcanzan una concepción más global de una misma situación.

Prólogo 7

A mi modo de ver, Ángeles de Irisarri representa el conocimiento científico, la sensatez, la inconmovible fe y tesón de las mujeres de los reinos cristianos, mientras que Magdalena Lasala aporta el conocimiento poético, menos científico, bien es cierto, pero tan veraz y válido como él. Se diría incluso que el rostro, la imagen, el colorido y la voz de una y otra, su forma de hablar y de expresarse, su estilo literario, siguen con fidelidad las pautas que marcan esos conocimientos: apasionados y envolventes los de una, como los jardines y la voluptuosidad de los ambientes de la morería, sofisticados y exquisitos, que describe; parcos, escuetos y certeros los de la otra, con humor soterrado y sentimientos inamovibles, igual que imaginamos el temple de las cristianas que hubieron de enfrentarse a una religión y una ideología más tercas, más severas, más convencionales. Y, sin embargo, al leer sus historias nos damos cuenta de que, como en un trasvase misterioso, el espíritu poético, sensual y apasionado de Magdalena recibe el torrente de energía de la investigación cuidadosa, concienzuda y rigurosa de Ángeles, igual que el conocimiento histórico más riguroso se ha dejado llevar por las brisas de la seducción y la pasión, envueltas ambas a fin de cuentas por un mismo aire, por la misma música, y cobijadas sus historias bajo el mismo cielo azul, nunca entendidos como mera escenografía sino como componentes consustanciales de la historia, que de ellos se sirve para afianzar y definir lo que fue el mundo de las mujeres en una época que para nosotros, los que vivimos a caballo entre los siglos xx y xxi, comienza a perderse en la niebla del pasado, de la leyenda, del olvido.

Es de agradecer esa investigación al unísono de las autoras, estudiosas de la historia, que nos muestran a personajes de distintas culturas que convivieron sobre el mismo territorio y en el mismo mundo de aquella época lejana que tanto nos cuesta imaginar. Se diría que Ángeles de Irisarri y Magdalena Lasala más que inventar, adaptar o fantasear sobre unas mujeres que vivieron en la Alta Edad Media y sobre su quehacer diario, se han limitado a estar atentas a las voces de sus protagonistas, convencidas de que sólo con la mente abierta y el espíritu dispuesto, les sería posible transcribir para nosotros su historia y rescatarla,

8   *Moras y cristianas*

para el mundo y la cultura, del olvido a que estamos condenados los humanos.

Así se explica la veracidad de los ambientes, de las músicas, de los entornos y de los relatos que se nos cuentan en este libro. Así entendemos y recuperamos una forma de ver los siglos lejanos cuya versión ha sido edulcorada tantas veces con explicaciones más que convencionales. Así se justifica y reconoce la labor de dos autoras, Ángeles de Irisarri y Magdalena Lasala, que se unieron para definir con tal solvencia y seguridad un momento en la historia de su país que lograron demostrarnos en qué medida las dos culturas desde las que investigan son complementarias y hasta qué punto podemos reconocernos en ellas.

Así queda, en fin, explicado y clarificado aquel interrogante primero sobre cómo ha sido posible ese trabajo en común. De todas maneras, a mí me gusta más creer que la inexplicable eficacia de aquel encuentro, el corolario de la inaudita alianza de las dos autoras, no se debe tanto a la consecuencia lógica de una serie de factores propicios, dispuestos de la forma más adecuada, cuanto a los misteriosos y ocultos poderes de un verdadero milagro. Un milagro de la vida cotidiana.

LAS MORAS

Magdalena Lasala

LAS CRISTIANAS

Ángeles de Irisarri

LAS ESCLAVAS

BÁHAR

La-Shala, en la provincia de Xantamariyat
Al-Xark. Año 408 de la Hégira

Por Alá, siempre único, que el viaje había sido horrible, pensóse el general Al-Nahr, y menos mal que estaban llegando y que grandes fastos les aguardaban como bienvenida, aunque ahora venía la parte peor, su señor Hudayl ibn Racin, príncipe de La-Shala, que Alá proteja y colme de dichas, tenía que ver con sus ojos y escuchar con sus oídos y apreciar con sus otros sentidos la maravilla por la que había pagado la locura de tres mil dinares.

Para expresión de rostro, vive Dios, la que púsole el médico Ibn Al-Kinani de Córdoba, ese charlatán negociante que se llamaba maestro, cuando aceptóle el precio por la que él llamaba la única estrella del firmamento que supera en belleza y en gracia a la luna, la esclava Báhar. Hermosa sí que era, pardiez, esa Báhar, nunca había visto hembra igual, ni hubo escuchado voz más melodiosa y hechizante, ni hubo sentido antes que la sangre le quemaba por dentro desa manera al contemplarla bailar. Era ésa la mujer especial que su amado Hudayl, de la noble dinastía bereber de los Banu Racin, buscaba desde que fuera proclamado príncipe de La-Shala en la provincia llamada de Xantamariyat Al-Xark en el año 403, y se jurase a sí mismo crear el gineceo más hermoso de todo Al-Ándalus, el paraíso que reyes y príncipes envidiarían, el lugar sagrado para el gozo y el culto a los placeres de la existencia, con permiso de Alá, siempre todopoderoso y benigno.

Ella era, sin duda, la más misteriosa mujer que jamás hubiera conocido el buen Al-Nahr. Siempre recordaría sus ojos infinitos de color miel, irisados por el verde intenso de las esmeraldas más preciosas, atravesándole, mirándole con el desdén inmutable de la hembra que elige, cuando entró en la escuela de Ibn Al-Kinani, famosa por tener las esclavas mejor enseñadas y mejor dotadas para las artes del placer, enviado personalmente por el príncipe de La-Shala y dispuesto a gastar la fortuna que su señor le confiara comprando lo mejor, ésa era la única condición, para que a su regreso él conservara la vida.

Al-Nahr no lo pudo evitar, él, un hombretón curtido en muertes de otros, y escaramuzas militares, y guerras civiles continuas en los últimos veinticinco años y siempre al servicio de los reyes Ibn Racin, no pudo evitar que un frío estremecimiento recorriera su dura espalda recordando que, a pesar del mucho cariño que se tenían, su señor no dudaría en sacrificarlo si consideraba que había hecho mala compra y que él no se rebelaría contra el castigo, mas sacudió enseguida su inquietud, imposible que Hudayl, hombre culto, refinado y astuto, el más brillante y el más inteligente de los de su dinastía, imposible que no apreciase el exquisito diamante que le llevaba, esa mujer, Báhar, graciosa como la brisa, de piel blanca como las arenas del desierto, delicada y leve como la noche después de la fiesta…, pardiez, qué le estaba pasando, diríase que estaba en demasía impresionado por ella, él, que nunca aceptó tomar esposa, se avergonzaba por descubrirse a sí mismo recordando las danzas de la esclava y sus habilidades con los sables, las lanzas y los puñales afilados, excitado al verla jugar con la muerte como si no tuviera nada que perder, esa esclava, por Alá, propiedad de su señor.

El naqib que portaba el estandarte de la expedición se acercó al general, interrumpiéndole para su fortuna, en sus pensamientos, para decirle que la esclava Báhar deseaba hablar con él. Al-Nahr extrañóse profundamente, pues, desde que salieran de Córdoba en luna llena y estaba entrándose la siguiente, no se dignó mirarlo ni una sola vez, ni había pronunciado palabra alguna, ni consintió en tañer el laúd ninguna de las noches, ni permitió que la miraran al rostro, de tal modo que se cubrió por entero y él se había temido en algún momento ser víctima de alguna de esas estafas que cuentan que organizan algunos mercaderes de Córdoba, compinchados con las esclavas que luego resultan no ser lo que decían, o que huyen, o que son libres y pueden demostrarlo y se han repartido el dinero con el vendedor, y otras felonías así, pero en este caso no podía ser, pues la reputación de la escuela del médico Ibn Al-Kinani era intachable y por todos reconocida, y aun la de la esclava, pues ya era famosa en toda la ciudad por su ciencia y su sabiduría, y aun su belleza y su distinción eran comparadas a las de la propia princesa Wallada, que si hubiese tenido precio, a ella habría comprado para su señor.

Báhar había atravesado la cuenca de tierras cálidas del Guadalquivir y luego la del Guadiana, sin hablar más que con una muchacha que la asistía, incluida en el precio, que era quien transmitía sus órdenes y necesidades. La expedición de doscientos hombres que Hudayl había destinado a la misión de traer para su palacio doce esclavas escogidas entre las más perfectas y una más que superara en todo a las otras, además de un enorme cargamento de marfiles tallados en los talleres de Córdoba, maderas nobles para combinar con aquéllos, cerámicas, mosaicos de azulejos y lozas doradas para la decoración de las estancias privadas del príncipe, y también diversas piezas de bronce, como candiles y lámparas y aldabas y varios surtidores con formas de animales para los patios del palacio, libros necesarios para el cultivo del espíritu y por fin, varios instrumentos musicales, había tenido que dar un pequeño rodeo para evitar posibles encuentros con ecos de las guerras fronterizas en tierras de Balansiya, aproximándose a Toledo, en donde los príncipes de la familia Dul-Nuníes, afines a los Banu Racin por sus orígenes bereberes, mantenían la misma independencia política que su señor Hudayl en La-Sahla, lo cual favorecía el intercambio de comercios y los pasos entre territorios y otros negocios ventajosos para los que saben mantener la paz en tiempos de guerras. Desde Toledo habían seguido el cauce del hermoso y grande río Tajo hasta su nacimiento en tierras muy próximas a Xantamariyat, para su suerte, pues las calores apretaban y habíanse tenido que detener al fresco de sus orillas más veces de las previstas porque las mujeres se agotaban, y las bestias se paraban, y los hombres protestaban y vociferaban porque ellos éranse militares y no amas de cría y habíanse preparado para las guerras y para las luchas contra hombres armados y no para soportar el lento ritmo que imponían a la tropa las necesidades de unas pocas mujeres, y el excesivo equipaje, y los cuidados que exigían las literas y la tozudez de las mulas que portaban las jamugas, demasiado tranquilas para tanta calor, por lo que los caballos estaban impacientes y ellos hartos, también, deso y de los cobertores y las telas y las cortinas de los palanquines que, para mayor fastidio, ni siquiera dejaban ver a las esclavas ni aun a las sirvientas. Así las cosas, el general Al-Nahr, acompañado del capitán del estandarte, de paso hacia la litera de Báhar, se entretuvo comentando con los cinco oficiales y el nazir de la escuadra que conducía la especialísima carga de la esclava, que rezaba a Alá misericordioso para que la misión acabara pronto, y que ya llegaban, y que todavía habría tiempo de asistir a alguna revuelta política para ejercitar las armas antes de que llegase el invierno, en el que tendrían que permanecer recluidos, y así, sin pensar que iba a verla, habíase llegado hasta su tienda y entonces comprendió que la esclava Báhar le daba miedo, y que a su señor, Alá no lo quiera, podríale pasar lo mismo. Háblame de tu dueño, le dijo Báhar con una voz igual dulce que firme. Y él obedeció explicándole el noble origen bereber Hawwara de Hudayl ibn Racin, príncipe de La-Sahla, una de las personas más importantes de la Frontera, que era hermoso de rostro y de porte bien parecido, agradable al trato, de buen natural y afable, que gozaba de buenas relaciones políticas por su inteligencia y sagacidad en los asuntos entre los otros reyes y príncipes de Al-Ándalus y que decían de él que no habíase conocido otro de semblante más agradable, ni más distinguido por su facilidad de palabra y por su talento para obtener lo que necesitaba gracias a su gran poder persuasivo. También dijo de Hudayl que amaba la música por encima de otras ciencias, y que por eso habíale encargado a él, sumiso y fiel ayudante desde hacía muchos años, la compra della.

El general recordó este episodio cuando, ya en audiencia con su amado señor en el salón principal de palacio, rodeados de gran boato e importancia y con varios chambelanes y otros nobles, y varios sirvientes y esclavas que servíanle licores dulzones

Báhar

en bellas copas de plata para solaz de su paladar, él hiciérale la misma solicitud. Háblame de mi esclava, dijo, aguardando la ceremonia en la que Báhar sería presentada a su dueño, junto con las otras doce joyas, como una de las mayores riquezas de su reino, y Al-Nahr contó, por tanto, lo que sabía de la esclava, que nadie conocía su origen cierto, ni siquiera su anterior dueño, el propio Ibn Al-Kinani, que años atrás había adquirido en el mercado de Córdoba una partida de cautivas jóvenes, varias de ellas encinta y con algún niño de leche, que provenían de tierras del norte, quizá francas o gallegas, por el cual grupo tuvo que pujar fuertemente frente a otros postores pues las cautivas eran a cual más bella y bien conformada, de piel fina y blanca como los nácares, muy apreciada por los vendedores de esclavos para obtener mejores precios por ser las preferidas de los árabes de buena cuna, y de cabellos y ojos claros, y que con el lote adquirió igualmente varios esclavos para servirle como eunucos, que los eligió de piel negra, originarios de Sudán, porque eran más sumisos. La madre de Báhar murió en el parto, alumbrando una niña pálida como la luna y con la piel delicada como el narciso, y por eso fue llamada Báhar, que significa, en árabe, narciso. Al-Kinani, famoso por su habilidad para despertar la inteligencia en las piedras y, con más razón, la de las personas por más zafias que éstas sean, según sus propias palabras, descubrió en la niña Báhar unas cualidades excepcionales para la música y el baile, igual que para el canto, pues la voz della entra por el oído hasta el corazón trayéndole la dulce dejadez de la nostalgia, esa que Báhar debía sentir desde que nació, y así fue que el médico la tomó especialmente a su cargo con el fin de crear, Alá todopoderoso lo perdone, la creatura más perfecta sobre la tierra, la más exquisita flor de todos los jardines, la perla más excepcional nunca antes encontrada, y vive Dios que consiguiéralo, y encariñado con ella y con su obra, púsole el más alto precio que pensara él jamás daría un comprador por ella, y así fue que al tener que venderla para mi señor Hudayl, Alá sea con él y lo colme de dichas, Al-Kinani lloraba por despedirse de su maravillosa esclava y por no haberle puesto un precio todavía más alto, y anunciaba a grandes voces que ella sabía de medicina, de historia natural y anatomía y de otras ciencias en que sabios del momento le eran inferiores, que nunca cometió falta al escribir o cantar, que su caligrafía era sin igual, y su dicción pura, y que todo su saber resultaba, sin embargo, oscurecido, por la habilidad fantástica de Báhar en el juego con los sables y los puñales, y en la cuerda floja con escudos en la mano, y aun en la lucha. Y túvole que separar de los pies della, arrastrado por los suelos como las plañideras, y ordenar la partida, porque si no, se temía el oficial que hubiese tenido que retrasar el viaje o pagarle más dinares.

El gran salón donde se hallaban reunidos los hombres importantes del reino de Hudayl, que estaba decorado con columnas de mármol, bellos frisos esculpidos en bronce, espejos, sillas con enrejados de maderas de Oriente, arquetas y mosaicos, e incrustaciones de nácar y marfiles y otras exquisiteces, retumbó de pronto con un redoble agudo de tamboril y, sin más preámbulo, la música inundó la gran sala. Las doce esclavas permanecían ocultas detrás de las celosías, organizadas como orquesta femenina, tan de moda entre los señores andalusíes. La sitara de esclavas estaba compuesta por cinco laúdes, un adufe, una ajabeba y otra flauta similar más corta, un rabel, una chirimía que llamaban zammara, dos mandolinas y el tamboril, instrumentos todos ellos construidos en los talleres de Sevilla, delicadamente tañidos, y en verdad que el espíritu de los presentes se regocijaba con tan hermosa audición. En una pirueta extraordinaria, con un salto imprevisto como una ráfaga de viento rojo, apareció en medio del salón Báhar, provocando la sorpresa y la admiración de los reunidos. Sostenía en la mano derecha una pequeña pandereta que simulaba el silbear de la serpiente en las contorsiones más comprometidas de su danza, consiguiendo el mismo efecto hipnotizador que aquélla. Báhar poseía una belleza extraordinaria, que al danzar parecía resplandecer y multiplicarse, y elevarse por encima de su cuerpo, llenando la estancia de un magnetismo único que la envolvía a ella misma y a los presentes y hacía hervir la sangre y los deseos más escondidos. Su rostro expresaba una felicidad sin par, la más cautivadora sonrisa, la más hechizante mirada, dichosa para sí de saber que su danza procuraba a otros la alegría, y su cuerpo era el más hermoso sueño nunca antes

Báhar 19

contemplado, cubierto levemente por un velo de seda roja que permitía volar los brazos y las piernas de la esclava, ceñido a la cadera con una cinta de brocado dorado moviéndose al ritmo de sus contoneos enloquecedores, en una armonía con la música tal que ni los arrayanes de los jardines, ni los abedules, ni los ramos de jazmines se balancean así con la brisa, pareciendo que la propia música anidara en ella, en su cintura, en sus hombros, en sus manos y, súbitamente, la orquesta calló y el tamboril comenzó a sonar a un ritmo creciente, mientras Báhar seguía con su vientre los golpes del kabar y acompañaba el compás con el sonido metálico de su pandereta, realizando un complicado baile en el que pudo mostrar las habilidades contorsionistas de su espléndido cuerpo y que levantó gritos de júbilo, y copas de vino, y exaltó los ánimos y las envidias de todos los invitados hacia Hudayl. Sólo por lo visto y lo sentido valía la pena la bolsada entregada, y Al-Nahr, no sólo conservaría su cabeza, sino que, habida cuenta de la buena compra efectuada y en justo agradecimiento, que tomase nota su secretario allí presente, el príncipe de La-Sahla donaríale una propiedad cercana para aumentar sus rentas.

La fiesta estaba en su apogeo. Las doce esclavas músicas salieron también al gran salón y siguieron deleitando con su trato y su belleza y su música a los invitados, el vino corría, Báhar seguía mostrando su esplendor y su gracia y sus artes inigualables con los sables, y ese desafío a la vida jugando con los filos y rozando con su piel los puñales hasta el límite, y esa insolencia con el riesgo más desnudo, hizo que Hudayl deseara todavía más vivamente a la esclava, y no queriendo esperar más, ordenó a sus sirvientes que la fiesta continuara sin él y sin que faltara nada a sus invitados, y que condujeran a Báhar a sus aposentos, pues requería su presencia exclusiva para él.

A solas, la esclava era todavía más embrujadora, Hudayl ardía por dentro, con un deseo no sólo del cuerpo, sino también de su alma y de su mente, y no obstante sintió miedo, no de ella, sino de sí mismo, y precisó asegurarse de su poder, al máximo, y sólo le dijo a Báhar que ella era suya, y la esclava, sin mediar otro saludo, y sin dejar de mirarlo ni de sonreírle, le había contestado que, mi señor, sólo es tuya mi vida, porque lo demás yo te lo regalo, y él se

20   *Las esclavas*

había vuelto loco de placer, y se había acercado a ella henchido de deseo pero ella le había detenido, con una mirada de gacela que le había penetrado hasta el alma, pidiéndole permiso para adiestrarlo en el amor enlarguecido, el calmo y profundo que no permite que se escapen los placeres, el amor perfecto y auténticamente placentero que ella conocía, y que no tiene igual. Y así fue que durante tres días y tres noches no salió Hudayl, apenas, de sus aposentos, despachando brevemente con su secretario personal, sólo por descansar della, y volviendo, embriagado de pasión a seguir comprobando los saberes de su esclava, sus bien haceres y sus secretas habilidades, pues, si ciertamente le había informado su oficial de la sabiduría de Báhar, él, por fortuna, y Alá siempre grande lo perdonara, había descubierto su más importante ciencia, la del amor, y tuvo que reconocer, con gozo y alegría y entusiasmo por su parte, que jamás había conocido placeres tan intensos y deliciosos como los vividos desde el primer momento amoroso con Báhar, y pensó que nunca le iba a poner precio a esa esclava, para no poder venderla nunca.

Contento de su posesión y durante un tiempo, Hudayl convocó fiestas a menudo en su palacio, para lucimiento de su espléndida esclava, siendo la envidia y el comentario de todos los señores del reino, mas poco a poco iban complaciéndole menos las algarabías vociferantes sobre la belleza de Báhar, al tiempo que iba añorando cada vez más la presencia a solas della, llegándose a sentir angustiado y en profunda desazón si algún día pasaba que no podía verla, por lo que decidió reservarse un tiempo diario para la intimidad con ella, cosa fácil en la época de fríos que ya se acercaban, y vino el día en que, profundamente enamorado de Báhar, no siéndole bastante ser su dueño, y verla danzar tantas veces como quisiera, y escucharla tañer dulcemente el laúd o sonar con gracia la pandereta, y ejercitar sus habilidades con el sable, y conversar con ella sobre materias de elevado conocimiento, y ser la envidia de cualquier mortal por estar cerca della, pidióle que aceptara convertirse en su esposa, y ella, acariciándolo con la punta de sus dedos, y con sus ojos y con su interminable sonrisa, le contestó con voz de seda que bebiese licor dulce de su copa, y que ya hablarían deso otro día, y que ahora le permitiese cantar en su honor. La noche siguiente, tras el amor embriagador con Báhar, Hudayl de nuevo le pidió hacerla su primera esposa, y le habló de no pocos señores que nombran primera esposa a esclavas favoritas sin precisar linaje, o que las hacen libres para que puedan amasar propiedades y se casan con ellas, que él iba a complacerla en cuanto ella desease, y que acataría las condiciones que le pusiese, que nunca había sentido un amor y una angustia tan iguales, y que de sólo pensar en ella lo embargaba una melancolía que sólo se curaba si ella lo abrazaba, y entonces Báhar le habló dulcemente y le cantó canciones que cantaban las mujeres en las plazas de Córdoba y en las orillas del río, y le hizo sonreír con sus juegos y le dijo que ya hablarían deso otro día.

Noche tras noche durante todo el invierno, Hudayl habíale pedido como reina a Báhar, y ya era comentado en todo el palacio y aun fuera de él y más allá de las fronteras del reino, la deshonra del príncipe Hudayl, conduciéndose de tal humillante modo además de desacostumbrado, pues sabido es que los señores tomaban y dejaban a sus mujeres, esclavas, libres o esposas sin más miramientos, y que siempre había sido la esclava la que había conspirado para lograr convertirse en esposa de su señor y nunca se había visto que un dueño se arrastrase ante una esclava y menos aún que ella lo rechazase. Por lo que, aconsejado por sus nobles y convertido el amor del príncipe por Báhar en asunto de Estado, se vio éste obligado a zanjar la cuestión con su esclava esa misma noche, transcurrida ya la fiesta del Nayrûz del primero de año, que había traído gran nevada y presagiaba cambios, y pues además, él se sentía languidecer de un extraño mal, que era mal de amores, pero además, sin razones.

Cuando la esclava contestárale ya hablaremos deso otro día, como decía cada noche a la misma solicitud del príncipe, éste apeló a sus derechos de señor y dueño y ella, sinceramente sumisa, le dijo que, pues era de él la vida della, hiciese con tal prenda lo que mejor le pareciese, que lícito había de ser, pues alto precio hubo pagado y título de propiedad a su nombre se halla, pero él, desesperado, se arrojó en sus brazos explicándole que la necesitaba como al sol del alba, que no podía pasar sin ella, que no quería poseer su vida, que la quería a ella, que deseaba que Báhar se entregase a él, y que por eso precisaba que aceptara por sí misma convertirse en su esposa, y ella le dijo que nadie podía aspirar a eso, y él, tragándose el llanto y sacando el orgullo, le respondió que él era el rey de esas tierras, el señor andalusí más rico de la Frontera, y entonces Báhar contestó llena de dulzura y con su voz maravillosa que un rey había de ser poco para ella.

«Pero antes de ordenar mi muerte, amado príncipe mío, que Alá te proteja todos los años de tu existencia, escucha mis argumentos, que has de entender por qué digo lo que digo, pues mi vida está en la música, y siendo tu esclava complazco a tu gusto complaciendo el mío, pues es tanta mi dicha al hacer danzar mi cuerpo en armonía con ella, que sólo de tal manera es posible causar disfrute en los ánimos ajenos, y viendo y sintiendo el gozo de quien me contempla, aumenta mi propio placer y mi felicidad, poderoso señor mío Hudayl, al que amo con todas las fuerzas de mi ser, pero al que no puedo entregarme, si no es con el precio de mi vida, pues, convertida en tu esposa, habrías de recluirme en el harén familiar, oculta a la vista de todos y prohibiéndoseme ya para siempre dedicarme a bailar y a cantar, y mi señor, yo sé que sin ello moriría; por tanto y pues es cierto que mi vida te pertenece, haz con ella lo que designes, que bien hecho ha de estar y al rechazarte me gano igual la muerte que si te acepto, sabiendo que si sólo mi vida es tuya, sólo la vida me quitas, y que allá donde quiera Alá reservarme una morada, seguiré danzando para ti y para el mundo, pues es mi sino no saber de dónde procedo y no saber adónde Él me lleva, y entretanto, mostrar las maravillas de Dios a través de mi persona.»

Hudayl escuchó atentamente sin decir nada, aunque sintió el ánimo tranquilizado, y aquella noche logró dormir con reconfortante sueño. Al amanecer, dio cuenta a la corte, que aguardaba la resolución del casamiento del príncipe.

Al insistir en su negativa, todos los nobles recomendaron la condena a muerte de la esclava como castigo a su desobediencia, y tal estaba así ordenado en la ley, a lo que Hudayl contestó, con una leve sonrisa, que ya hablarían deso otro día.

ALBINA

Castillo de Nájera (La Rioja)
Era 1067. Año vulgar de 1029

La reina doña Mayor estaba recluida en la torre alta del castillo de Nájera. No quiso a nadie con ella, salvo a Albina, su esclava, y despidió a todas sus damas. Había sido acusada por sus hijos de adulterio ante su marido, el rey Sancho Garcés III, el *rex ibericus*, el emperador que reinaba de Zamora a Barcelona.

«¡El rey Sancho, mi esposo, un crédulo, un botarate, un simple! ¿Por qué no consulta este hecho con don Oliba de Ripoll, que siempre le ha aconsejado bien...? ¡Mis hijos tres víboras que traje al mundo! ¡El caballo la reencarnación de Satanás, la estampa del Anticristo! ¡Desdichada de mí, más me hubiera valido no salir de Castilla y haber entrado en religión! ¡Acércame una daga, Albina! ¡Clávamela en el corazón!», gritaba doña Mayor mientras enormes lagrimones surcaban sus mejillas.

Y lo que pensaba Albina, escondiendo el puñal en lo más profundo de un baúl, que la dama voceaba y lloraba con motivo y trataba de consolarla: «Ea, ea, téngase la señora», y le besaba las manos y le acariciaba la cara. Pero la reina no paraba en su llanto. «¿Qué clase de marido tengo? ¿Acaso tuvo miedo de los sarracenos? ¿Qué hacía una bestia color canela en mi habitación? Una bicha que relinchaba, coceaba y ensuciaba el suelo con sus malas aguas ¿Qué tenía que ver yo con el caballo? Naturalmente que, cuando el infante García me lo pidió, se lo regalé en buena hora. Cierto que, luego, me retracté, puesto que ¿no le tenía el rey tanto aprecio al caballo?, pues que se lo diera él, a fin de cuentas di algo que no era mío, cometiendo así una imprudencia...»

Albina, su azafata, la camarera que le llevaba el cofre de los perfumes y las joyas, se afanaba en secarle las lágrimas desde hacía siete días, desde que los infantes acusaran a la reina de lo que no era, nada menos que de haber practicado la coyunda ilícita con un caballero —con el caballerizo concretamente—, que no hacía otra cosa que cuidar del bicho; y tenía mucho trabajo, porque la señora no cesaba en la llantina, a fe que parecía un manantial. Y ella había de recomponerle el rostro para que los señores que subían a la torre alta del castillo con noticias no la vieran llorar. Que la señora no quería que la vieran llorar. Tal le había dicho a Albina, pero la esclava no podía contener tanta lágrima y temía que el rostro de la reina comenzara a surcarse de arrugas.

Y es que llegaban los señores del reino de Navarra a la habitación de la señora y, a más de demandar por su salud y estado de ánimo, venían con contarellas, hablando a voz en grito, pues todos eran muy voceros, de la increíble historia de la emperatriz María Augusta, la esposa de Otón III de Germania, que se enamoró perdidamente de un conde y le pidió amores, pero el conde se negó y ella lo mandó matar; cuando se conoció el hecho, pues la viuda pidió justicia a don Otón, la emperatriz fue condenada a la ordalía del hierro candente y murió durante este acto. Y, aunque los señores hablaban desde la puerta y doña Mayor lo oía todo, Albina había de repetirle a la reina, una y mil veces, lo que decían, y a ella también se le ponía carne de gallina, le venían escalofríos y varias lágrimas luchaban por correr por su hermoso rostro.

En el aposento de la reina fue un llorar. Ni la alta dama ni su esclava se pudieron reprimir cuando oyeron de boca de una de las camareras que la condesa Uzea de Finisterre, hija del rey Bermudo II de León, padeció la prueba de los leños rusientes en sus carnes, porque su marido la acusó de adulterio, de lo mismo que a la señora de Navarra. No obstante, al conocer el hecho, respiraron un tantico más sosegadas pues la dama salió ilesa.

Albina lloró poco; un poco, lo justo para acompañar a su señora, puesto que no podía tener sus ojos llenos de agua sino muy despejados. Como la señora parecía mismamente un río, ella se afanaba en prepararle un compuesto de membrillo, harina de trigo y semilla de abrótano, todo muy bien cocido, para curarle los ojos inflamados poniéndoselo sobre ellos, en un apósito. Pero nada valía, de los ojos de la reina manaban más y más lágrimas y Albina no podía con ellas.

La esclava trataba de calmar a doña Mayor: «Ea, ea», le decía, le suplicaba y, para distraerla, quería lavarle la cara con sosa y aplicarle, luego, untura de albayalde y darle color a su rostro con palo de raíz de nogal y refrescar su cuerpo con perfume de alegría, y aviarla con todas las joyas, que de todo eso y más llevaba Albina en su azafate, en su cofre; y hasta vestirla con su mejor traje, porque se comentaba en el castillo que el rey estaba a punto de llegar a Nájera.

Albina apenas salía del aposento de su señora, acaso para personarse en las cocinas en busca de alguna vianda o de algún remedio para el rostro de doña Mayor. Bajaba la escalera y recorría el castillo con la cabeza gacha, sabedora de que las damas de la reina le habían tomado ojeriza, porque a todas las había despachado y se había quedado con ella, con una esclava, y con ella lloraba y penaba. Demasiado honor para una esclava... Demasiado no, el justo. La señora le tenía confianza, no en vano, se decía Albina mientras andaba por las estancias, le había llevado el azafate, el cofre de las joyas y los pomos, desde que tenía ocho años, desde que la entregara la condesa Ermessenda de Barcelona a la reina de Navarra, como regalo de bodas, y ya no se había separado del cofre. Había ido siempre con él, detrás de la señora, preparándola cuando fue menester y esmerándose todas las veces en que el señor rey la llamó a la cama. ¿Cómo no había de tenerle confianza la señora? ¿Cómo no había de quererla a su lado si no deseaba que la vieran llorar? ¿Algún otro de los habitadores del castillo de Nájera podía detener el torrente que manaba de los ojos de la reina?

«Mejor que le haya dado por llorar, se decía Albina, mejor; de otro modo, mi señora no arrojaría el disgusto que lleva dentro, sus lágrimas serían interiores y tanta agua le pudriría el corazón... Además, las lágrimas se llevan muchas cosas...» Si no que se lo preguntaran a ella cuando unos mercaderes de esclavos la arrancaron de los brazos de su madre, en una aldea del norte de Europa, entonces lloró y lloró tanto o más que su señora... No recuerda, no recuerda, Dios la perdone, ha olvidado nombres de personas, de lugares y el rostro de sus progenitores. Luego, después de mucho caminar, la compró la señora Ermessenda, en el mercado de Barcelona, y se la llevó con ella, para regalarla enseguida a doña Mayor, que la recibió con cariño y la mantuvo a su lado, hasta tal punto que no quería estar con otras camareras. Y pese a que recibía el favor de la reina, Albina andaba con la cabeza baja, sin mostrar su buen aire, sin enseñar su rostro perfecto. E iba apresurada, por eso entró en las cocinas como una flecha, tropezándose con la guisandera de viandas, que le pidió noticias de la reina, pero ella no le prestó atención, se encaminó a la botica y, mientras la otra parloteaba, recogía en un cestillo cantidad suficiente de anagalis, espuma de mar, piedra pómez (todavía de la que trajera de Córdoba la reina Toda Aznar, que repartió una porción por todos los fuegos de Navarra, puesto que cortaba la sangre), agallas, *iris illerico*, *lycium índico* y miel, para quitarle a su señora las manchas que le estaban naciendo en la cara. Y salió como había venido, deprisa, sin decir palabra.

Y, cuando Albina estaba a punto de terminar el emplasto, llegó el rey don Sancho al castillo de Nájera. Doña Mayor comenzó a temblar, su llanto se tornó compulsivo. Los tambores atronaron la fortaleza, aunque a la torre llegaran disminuidos. La reina se dejó poner el remedio contra las manchas en su hermoso rostro, creída de que su marido la visitaría en la cama. Pero no. Las dos mujeres supieron por los correveidiles que el señor de Navarra, el hombre que reinaba de Zamora a Barcelona, había escuchado de boca de sus hijos la acusación de adulterio contra su esposa y que volvió a darle crédito, decidiendo que la denuncia se haría pública al alba, ante toda la corte reunida. Cuando la reina conoció la decisión marital, dejó de llorar. Albina quedóse muda, pero lo agradeció después de tantos días de llanto; se dijo que a su señora se le habían terminado las lágrimas, como le sucediera también a ella en su época de adversidades, y le veló el sueño, un sueño muy tranquilo y sosegado.

A lo largo de la noche, la esclava tuvo tiempo de recordar

tiempos pasados y de meditar, pues las horas de oscuridad corren harto lentas cuando se está velando a otro. Su pasado lo recorrió rápidamente, del rapto, viaje, venta, estancia en Barcelona e incluso de la condesa Ermessenda apenas recordaba nada; su memoria empezaba a clarear con su llegada a Pamplona, cuando don Gaucefredo, el embajador de la diputación catalana que llevaba los regalos de boda, le propinó un pescozón en la cabeza para que se arrodillara ante doña Mayor, cosa que hubiera hecho ella de grado, como venía haciendo desde que la raptaron los mercaderes de esclavos en un lugar del norte de Europa, puesto que desde entonces no valía nada, ni nombre tuvo, o lo olvidó con lo demás, hasta que la condesa de Barcelona mandó que la bautizaran y le pusieron uno, Albina, un nombre acertado pues tenía muy blanca la piel. El capitán le dio un pescozón porque era general que a los esclavos se les tratara mal, se les maltratara, de otro modo parecía que los amos no tenían autoridad. Claro que a ella, sus señoras, doña Ermessenda y doña Mayor, nunca la humillaron, nunca le pegaron, nunca se airaron con ella. La señora de Barcelona la miró de arriba abajo, de lo poco que recuerda bien, le sonrió y la entregó a sus camareras para que le enseñaran a bordar tejido fino, pero no aprendió porque estuvo escaso tiempo, unos meses. La señora de Navarra también la miró de arriba abajo, incluso le sonrió con sus grandes ojos y, de inmediato, le entregó el azafate, el cofre con sus joyas y unturas, le dijo que sería su azafata y le hizo una carantoña en la cara. Albina, que no sabía lo que era ser azafata, tomó la arqueta de cedro y no se separó de ella. Aprendió pronto a hacer ungüentos y fue la mejor servidora de la reina, la que mejor le pintaba el rostro, y a su lado creció en altura y en anchura, a su lado se hizo mujer... Suspirando dejó las cosas de su vida y analizó la situación de la señora, que dormía en su lecho con un sosiego que no había encontrado en siete días, y había dejado de llorar e incluso sonreía en sueños.

Desde que llegó el rey a Nájera la alta dama había cambiado de actitud. Ya sabía Albina por experiencia propia que las reinas tenían el carácter tornadizo, que tan pronto lloraban como reían, que eran caprichosas, y a saber cómo se despertaría doña Mayor,

28 *Las esclavas*

qué talante traería del mundo de los sueños, si volvería al llanto o si se crecería ante su desgracia, puesto que ¿no era una mujer que había construido un puente sobre el río Arga, en una población a cuatro leguas de Pamplona, dirigiendo a un maestro de obras, que a su vez mandaba a un tropel de operarios, y le había quedado magnífico? Lo extraño fueron los siete días de llanto que empezaron en la dominica anterior. Desde el primer instante, la señora supo que no debía llorar, que no era de reinas llorar, por eso expulsó a sus damas de la torre alta, para que no la vieran, y no les dejó traspasar el umbral de la puerta. Si corrieron amargas sus lágrimas, fue por debilidad, porque cualquier persona sufre momentos de debilidad... los reyes, las reinas, los hombres, las mujeres...

Y estaba la esclava en estos pensamientos, cuando, antes del alba, la reina doña Mayor pidió de desayunar y se levantó rauda. Llamó al preste para que la confesara y a todas sus camareras para que la bañaran y aderezaran. Tomó confesión, comunión, un baño de agua caliente y refrigerio, se dejó vestir con sus mejores galas y de sus ojos no salió ni una lágrima solitaria. Lo que había dicho Albina que la conocía bien.

La señora se hizo bajar al patio de armas en silla de manos, flanqueada por todas sus damas. Cuando llegó al lugar del juicio y sonaron los timbales, una mirada de enojo llenaba su bello rostro. Anduvo la reina con paso lento, a propósito, se detuvo frente al rey, levantó la cara en un imperioso ademán y no quiso sentarse en la rica silla que le ofreció su marido, ni se dignó mirarle a la cara y sus hijos, las tres víboras de Navarra, como si no estuvieran, y eso que estaban presentes: García, el primogénito, un fementido; Fernando, el segundogénito, un joven imberbe, y Gonzalo, un niño...

Don Sancho Garcés III de Navarra leyó los cargos: adulterio, y le preguntó a su mujer cómo se declaraba. Ella contestó: «¡Inocente!», sin que le temblara la voz, y ya habló el rey sentenciando que su inocencia o pecado se dirimiría en duelo, que, por un lado lucharían los hijos de ambos, los acusadores, y por otro los nobles que salieran valedores de la virtud de la reina. Pero no salía ningún hombre, ni noble ni plebeyo. El silencio

Albina 29

era absoluto. Albina, que tenía un nudo en la garganta, entregó un pañuelo a su señora para que se secara las lágrimas. El rey se frotaba las manos y hacía gestos de malhumor. García y Fernando dejaban que sus escuderos les ajustaran la loriga. Sólo se oía el piafar de los caballos.

Albina se lamentaba de que ningún hombre se presentara a luchar contra don García, el próximo rey de las Hispanias, el que gobernaría de Zamora a Barcelona a la muerte de don Sancho, de que ningún hombre quisiera malquistarse con él, máxime por la reina, que era castellana.

Pero se equivocó de parte a parte. En un lateral del patio de armas se alzó una voz: «¡Yo salgo valedor de la reina!». Era el infante Ramiro, el hijo mayor del rey y de doña Sancha de Albar, el bastardo. Los vivas de nobles y villanos resonaron en el cielo. Doña Mayor miró hacia el lugar y respiró hondo. Albina hizo otro tanto. El señor rey platicaba con un preste que se había acercado a su trono y le contaba alguna cosa. Don Ramiro se vestía apresuradamente. Don García sonreía como una sierpe. Don Fernando hubiera querido desaparecer bajo la tierra, el pequeño don Gonzalo hacía tiempo que no estaba en el lugar de autos. El rey enrojecía por momentos. El preste gritaba para evitar el duelo y, quizás, el descrédito de doña Mayor porque a saber quién ganaba, que los infantes le habían dicho que todo era patraña, que la reina no era infiel, que se lo habían inventado todo. Don Ramiro apareció a caballo con los arneses de justar.

Don Sancho, azorado, suspendió el duelo y se retiró a sus aposentos. Iba muy contrariado.

Doña Mayor llamó a don Ramiro, al bastardo, le besó en la cara y, luego, como en un disparate, le rogó que se metiera bajo sus sayas y, como si lo pariera, le hizo salir y la partera exclamó: «¡Desde hoy, don Ramiro, será mi hijo y me ocuparé de que tenga parte del reino, pese a ser bastardo!», a García le espetó: «¡Maldito seas para siempre jamás!», y, un tanto acalorada, pero disfrutando de su triunfo, se fue con el mismo aparato que había venido y, en cuanto traspasó el dintel de la puerta de su habitación, comenzó a llorar. Albina le preparó el remedio contra las manchas de la piel.

Los hechos ocurridos se comentaron hasta la saciedad en Navarra y en todos los reinos de las Hispanias. Los abades Odilón de Cluny y Oliba de Ripoll reprendieron al emperador en sendas cartas. En Nájera el pueblo vitoreó a doña Mayor cada vez que salió del castillo.

A los pocos días, el infante García anunció que emprendía viaje a Tierra Santa para purgar su pecado. Se llevó el perdón de su madre, porque las madres no se pueden resistir: perdonan siempre.

Doña Mayor, entre lágrima y lágrima, se holgó con sus camareras y no quiso recibir al rey, hasta que, ante su mucha insistencia, no le quedó otro remedio que aceptarlo en la cama. Lo que comentó con Albina: «Si no lo dejo entrar, se solazará con otra mujer». Y su esclava preferida convino en ello.

Las prostitutas

Sihr

Mumisa, o prostituta
Balansiya, año 409 de la Hégira

El ilusionista llevaba refunfuñando varios días. Sus dos esclavas lo tenían desatendido y no querían ensayar con él los trucos y las habilidades de prestidigitación, pero tampoco le hacían caso como amo ni como hombre. Se decía que eso era la ruina, que lo único que le faltaba por ver, ya añoso y con el cuerpo muy viajado, es que esas dos creaturas que a él le debían todo, no se preocuparan más que de sí mismas, es decir, la una de la otra, que las dos eran amantes, y en Córdoba lo llevaban más en secreto, por decencia y por consideración a su amo, pero en cuanto habían emprendido este viaje tortuoso, les había dado lo mismo que el resto de los artistas ambulantes de la caravana lo supieran a las claras, y una cosa era relajarse en sus afectos, pero otra muy distinta ostentarlos, como venían haciendo ellas, a todas horas enlazadas como los matorrales de la ribera del Guadalquivir que habían seguido, y además, que él ya notaba que los otros, algunos por lo menos, se le reían a la espalda.

Adivinadora, consulta tus piedras, cuánto falta para llegar, si es que llegamos, y la vieja hechicera, en un árabe escaso, entrecortado y lleno de anacronismos, porque era egipcia y nunca se había adaptado a estas tierras ni a este endiablado temperamento andalusí, había dicho que sí, que llegaban a una comarca fértil y rica en agua y en sol, que tenía naranjos y limoneros en abundancia, y que sus gentes eran dadas a las altas voces y los cantos y los fuegos fatuos, y que también éranse algo pendencieras y guerreadoras.

34   *Las prostitutas*

Uno de los funambulistas de la caravana murmuró que, pues fácil era adivinar lo que ya se sabía, porque se dirigían a Balansiya desde hacía las dos lunas que llevaban andando y arrastrando carretas desde Córdoba hasta Murcia primero, y luego a Denia, subiendo por la costa en dirección a tierras de Tortosa, atraídos por los puertos y los mercados desas ciudades que tenían mar, donde se decía que se hacían grandes negocios, y ellos, caminantes, artistas ambulantes, faranduleros y transeúntes por forma de ser, querían arrimarse, que algo de bueno podrían sacar de tanto intercambio, pero ni las tierras de Murcia ni Denia les habían sido propicias, y desconfiaban por tanto de la suerte que aguardara en Balansiya.

Naysân, prostituta de oficio casi desde niña y compañera de Sihr desde algunos años atrás, volvía al campamento acompañada por uno de los funambulistas, enlazados por la cintura, sonrientes y luciendo en sus rostros el gesto de la satisfacción de quien ha holgado a sus anchas, y se acercó a Sihr, que recogía las cosas de la tienda que compartían, pues ya reanudaban la marcha.

Sihr le entregó su arpa, sin decir nada, pero la compañera le hizo un guiño y echóse a reír regocijada, susurrándole entre dientes que ese hombre la volvía loca, que se hacía ilusiones con él de establecerse en alguna de las grandes ciudades que conocían y abrir local de venta de algo, o de escuela de algo... pero la otra, envolviendo cuidadosamente su cítara en un pañuelo de seda bordada, le dijo que tuviera cuidado, que él y los otros dos equilibristas del grupo eran hombres acostumbrados a ganar fácil los dinares y a igual de fácil perdellos, y que habían tenido mujeres por doquiera que habían ido y a muchas dejaron maltrechas, sin seguridad y sin casa y a algunas con hijos, y ellos habíanse marchado igual que habían venido; que no se fiara de las buenas palabras que se dicen en los momentos de la pasión de los sentidos, que se acordara de que ella misma, cuando está cumpliendo con su oficio, dice esas cosas que gustan de escuchar los hombres y luego se olvida; que ella misma promete y jura, y asegura imposibles, y finge el más loco placer en el fragor de la relación carnal, para dejar contento a su cliente y cobrar más alto precio. La compañera se revolvió, diciéndole que su rela-

Sihr

ción con el equilibrista nada tenía que ver con su oficio, pero Sihr comentó que, pues mejor haría en poner tarifa o tope a las citas, que al fin y al cabo, él es hombre y tú prostituta, como yo misma, y eso a la larga saldrá, que el hombre gusta de tener muchas mujeres para que lo sirvan y lo acomoden y lo agasajen y lo cumplimenten, pero por lo que más satisfecho se siente de tenellas es por pensar que son suyas y que ningún otro hombre las tienta ni ha de catarlas, mientras que no consiente en que sea la mujer la que tenga más de un hombre, aunque ése sea su oficio, y viva dello, y lo lleve con dignidad como nosotras, puesto que tampoco soporta saberse comparado con otros hombres o que sea la mujer la que elija, por tanto, cuenta que a éste le haces el servicio de compañía, dormida y placer gratis, y que buenos dineros se ahorra contigo, y que, pues está siendo largo el tiempo del camino, las ganas y las necesidades azuzan y a ti a mano te tiene, pero que para esposa, o esclava, o dueña de su casa, ha de tomar a alguna que no conozca otro varón para estar seguro de su poder sobre ella y que ella se crea que no hay otra cosa diferente a la de él, y mucho menos, mejor.

Sihr decidió no hablar más, porque leía en la mirada de la amiga que no quería seguir escuchando lo que no le gustaba oír, y además, no era ella quién para aconsejar a nadie sobre su propia vida, que ya tenía bastante con la suya; pero conocía a los hombres, que desnudos no tienen secretos, y sabía que ellos precisan poseer a la mujer para olvidar que se sienten poseídos por ella, y que una vez que consiguen su cuerpo, la desprecian para intentar recuperar de nuevo su alma y, sobre todo, conocía a uno, un hombre que jurándose enamorado, la maltrató porque lo hizo vulnerable, un hombre que prometió matarla porque su vida le pertenecía a él, y gracias al que ella se había comprendido libre y sin dueño.

Llegaban, al fin, a unas tierras fértiles atravesadas por interminables huertos con árboles frutales muy frondosos y repletos de naranjas, limones y peras. El verde y las flores emergían en jardines naturales, había agua en abundancia, hasta el punto de que una de las mulas se atascó las patas en el barro y hubo que empujarla para que siguiera avanzando. Acamparon junto a la

36 *Las prostitutas*

puerta Bab Al-Hanás, que decían de la Serpiente, y en una amplia esplanada montaron las tiendas del campamento, por una vez con suficiente distancia entre ellas como para quedar más independientes unos de otros. A mulas y caballos los dejaron atados a estacas en el suelo, y los carros, liberados de cargas y aparejos, fueron situados en círculo alrededor de las tiendas, apoyados en la tierra, dando sensación de límite, o de frontera, o de pequeña muralla protectora, y Sihr pensó que, entre eso y el fuego que estaban encendiendo en el centro mismo del campamento porque ya la noche se había echado, y la lumbre acompaña y templa los ánimos, y cuece el agua y llama al entendimiento, pensó enternecida Sihr, que habían formado un vecindario y que pintas tenía eso de apalancamiento, vaya, que se iban a quedar allí bastante tiempo.

El hambre azuzaba y querían ponerse a trabajar, por lo que la pandilla cogió los aparejos de sus oficios y salieron, al despuntar el día, a la búsqueda de clientes. Entrando por la puerta de la Serpiente, encontraron la ciudad de Balansiya ciertamente bella, provista de jardines espléndidos bajo un cielo de azul inmaculado sin rastro de nubes y mucho movimiento entre las gentes, bien vestidas, con panes, cestos con frutas, niños y casas con puertas abiertas, todo lo cual es señal de vida en la que no escasea el alimento, y se alegraron, porque allí harían negocio. El zoco se situaba junto al mar. Sihr sintió que la luz de esa costa era especialmente hermosa, y el color del mar al fondo apabullaba los sentidos, mezclado con las vestimentas llamativas de hombres y mujeres que zascandileaban por él. Ese día jueves era, además, de feria, y ganaderos y campesinos habían acudido a comerciar con animales y productos del campo, aparte de los habituales herreros y cuchilleros, estereros, drogueros y perfumeros, lecheros, vendedores de aceite, manteca y miel, fruteros y vendedores de hortalizas que tenían establecidos los puestos agrupados por productos, unos junto a otros y bajo vistosos toldos, desde donde pregonaban a porfía sus mercancías para atraer a la clientela, y el comprador podía comparar precios y regatear y quejarse ante uno de que el de al lado le había ofrecido mejor venta, y establecer así una polémica a voces.

Sihr 37

El prestidigitador y las dos esclavas se situaron en un recodo junto al centro mismo del zoco, donde se concentraba la actividad transeúnte y se vendían salchichas, pasteles y frituras preparadas para comer al momento, y se organizaban ventas a voz alzada de animales y aparejos de campo, formándose círculos donde unos y otros hablaban y respondían, y se cerraban los negocios, y allí mismo se iba luego a protestar o a reclamar ante testigos, y pronto se formó un grupo de curiosos que se quedaban boquiabiertos tanto por las artes mostradas por el ilusionista como por los roces, arrumacos e insinuaciones obscenas que una y otra esclava se procuraban mutuamente. Más allá, junto a un patíbulo que exhibía los cadáveres de varios ajusticiados en la horca, se pusieron los equilibristas a ejecutar sus habilidades, aunque Sihr habíales dicho que era un tétrico lugar para compartir, pero lo cierto es que el macabro espectáculo atraía gran público y dello podíanse beneficiar los funambulistas. Sentados en el suelo había vendedores de hierbas y plantas medicinales, fabricantes de férulas y triacas, un preparador de ungüentos y galena que mezclaba las pócimas con gran habilidad y un médico que hacía la ruta de la comarca poniendo huesos en su sitio, curando males de piel y de tripas, ejecutando sangrías sin más aparatos que un cuchillo y una palangana y recomendando vino caliente para el dolor de cabeza, y próxima a ellos extendió su manta la adivinadora, sobre la que desplegó las piedras, cristales, cartas decoradas con símbolos antiguos, posos de té secos y otras piezas que utilizaba para sus artes de videncia, y comenzó a recitar, con voz llamativa y misteriosa, jaculatorias en lengua extranjera y oraciones antiguas y canciones de magia, incitando a hombres y mujeres a que se acercaran para conocer su futuro, que ella les diría la solución para sus males de amores, o les quitaría el mal de ojo, les leería la buenaventura en la palma de la mano o en la mirada, y les traería la buena suerte y las riquezas, les adivinaría el pasado y el porvenir y les interpretaría los sueños.

Entre las gentes se mezclaban los aguadores, ofreciendo agua de coco, y los perfumistas, que a cambio de algún dinero perfumaban a sus clientes con fumigaciones de incienso o de maderas

38   *Las prostitutas*

aromáticas o con aspersiones de agua de rosas, y los lisiados, algunos dellos falsos, y los mendigos, los enfermos y otros personajes heridos que pretendían la atención y el dinero de los transeúntes. Todos ellos tenían espectadores y mirones y clientes y regateadores, y había un vocerío excitado que nublaba la razón, será este cielo y el mar abierto, y esta luz cegadora, pensábase Sihr, y la estación del año, queste mes de subat proclama el nacimiento del nuevo ciclo de la tierra y las nuevas flores y las nuevas frutas, pero aquí les gusta la pendencia, se les nota en la forma de dirigirse entre ellos.

En medio deste gentío, Sihr y su compañera comenzaron a tañer sus instrumentos graciosamente, acompañándose de movimientos insinuantes de sus caderas y gritos sonoros que pretendían estimular los oídos y los deseos ajenos, y pronto se formó alrededor dellas una gran expectación, sobre todo masculina. La compañera tocaba un arpa de mano y se acercaba mucho a ciertos hombres, los que veía con traza de campesinos bajados del monte a la feria, quesos seguro tenían dineros frescos, y sonreía provocadoramente, rozándoles con sus ágiles devaneos, lo cual hizo que muchas mujeres se marchasen de allí, llevándose hijos y maridos, renegando ellas y refunfuñando ellos. Sihr tañía la cítara empezando a dar algunos pasos del baile que era su intención ejecutar, hasta que hubo bastantes hombres agrupados como para dejar el instrumento en el suelo y comenzar una danza espectacular siguiendo la cadencia del arpa de la compañera y agitando certeramente una pandereta en su mano. Sihr vestía una chaqueta de seda y lino roja hasta los tobillos, en cuyo faldón había cosido figuras de caballos de madera que al bailar parecían luchar entre sí, y que era una danza muy de moda en Córdoba, de gran vistosidad y que Sihr ejecutaba con gracia, haciendo que los caballos se movieran a su antojo, al ritmo de sus caderas y con los golpes de la qadib. El baile acababa con una serie de giros vertiginosos sobre sí misma, que enervaban a los espectadores por el vibrar de la pandereta y el chocar de las figuritas, y por la belleza que se adivinaba en la mumisa debajo del faldón levemente elevado por los giros dejando ver sus piernas, hasta que, en un golpe seco, la bailarina paró lanzando la qadib al sue-

Sihr 39

lo y con un movimiento rápido de su mano abrió completamente su chaqueta bajo la que apareció totalmente desnuda, para regocijo de los presentes, que gritaban exaltados y vociferaban y se alegraban y la jaleaban; mientras algunos arrojaban monedas a sus pies, otros se unían atraídos por el jolgorio, otros pretendían acercarse demasiado y los más, contemplaban ansiosos el espectáculo. Luego continuó danzando a un ritmo más suave y cadencioso, siguiendo las notas más largas del arpa con pequeños pasos y contundentes latigazos de sus caderas, que hacían brotar nuevos gritos de júbilo de las bocas de los espectadores y más monedas de sus bolsillos. La compañera se iba a unir al baile según lo tenían acordado entre ellas, pero tuvo que intervenir la guardia del mercado para conservar el orden, a punto de alterarse por los ánimos excitados de la plebe, y les ordenó que se marchasen del lugar, por lo que recogieron apresuradamente las monedas y los instrumentos y se alejaron de allí; pero entonces ya habían hecho clientes que las siguieron fielmente hasta la playa.

Aisladas dentro de un grupo de palmeras que dotaban de cierta intimidad, las mumisas tuvieron trabajo abundante y cumplieron con los actos de amor urgente requeridos por clientes que pagaban bien por ver colmado su entusiasmo. También es cierto que el primer cliente fue el propio jefe de la guardia del zoco, y que a él se le regaló el servicio, y que contento con el mismo, fue a patrullar con más ánimo por otros sectores, más lejanos, del mercado. Hasta bien entrada la tarde hicieron visita a las dos mumisas muchos campesinos y carniceros y artesanos y otros hombres de la plebe, mientras ellas quisieron y si era aceptado el precio, y empezando a descender el sol detrás de la línea del mar, Sihr decidió que por ese día era bastante y que otra feria habría el martes siguiente, y que éstos volverían y traerían a otros y que muchos dineros harían, si seguía la buena estrella en el cielo, loado sea Alá. Además, tenía una sensación rara, juraría que uno de esos hombres a los que había prestado su cuerpo momentos antes, le resultaba familiar, pero su costumbre era no mirarles a la cara, no podía saber por tanto a ciencia cierta si su intuición era real.

Naysân marchóse a buscar al equilibrista, alegre y con ganas de contalle los buenos trabajos realizados y las buenas ganancias con ellos adquiridas, y Sihr rogó a Alá que el equilibrista no le partiera en dos el alma y la cara a la infeliz, pero la dejó ir, y ella, escondiendo los dinares en el hueco de la cítara, y envolviendo aquélla en su ropa, se desnudó amparada por el atardecer y se zambulló en el agua del mar, pareciéndole esa agua y ese mar y ese atardecer la mejor ganancia y el mayor placer que tuviera desde hacía tiempo. Todavía mojada, púsose la chaqueta de nuevo, abrochándola toda entera hasta los tobillos, y sin sacar los dineros de dentro de la cítara, se encaminó de nuevo hacia el mercado, por ver si encontraba a alguno de su pandilla y regresaban juntos al campamento.

Un grupo de soldados a caballo, en mal pensamiento Alá los tenga, pasaron a galope por su lado, levantando polvareda y alboroto, profiriendo gritos contra Mubârak, el rey eslavo de Balansiya, clamando justicia y reclamando la muerte para él. A los primeros siguieron otros muchos, blandiendo lanzas y sables, armados como de batalla, con escudos y mallas y espadas y látigos, que pasaron muy cerca de Sihr y a punto estuvieron de derribarla. Uno dellos hizo chasquear su látigo delante de sus pasos y ella hubo de detenerse bruscamente para evitar el daño, y entonces él le dijo que lo mirase al rostro, que lo reconociera, que a él le seguía perteneciendo su vida, y que llegaría el momento de cobrársela, que ahora se la perdonaba porque buen servicio le había hecho horas antes entre las palmeras, pero que la buscaría para cumplir su promesa y atravesarle el cuerpo y arrancarle el alma, y que la próxima vez no lograría seguir viva.

El hombre se alejó cuando ella empezaba ya a correr, y por los gritos de miedo y por el ruido de golpes y destrozos que ya se oían y por los latidos de su corazón que le alertaban del peligro y de algún mal imprevisto y por una agobiante sensación de terror, la mumisa corrió más deprisa, sabiendo que algo malo estaba pasando.

El centro del zoco estaba envuelto en llamas, había cadáveres de hombres y mujeres esparcidos por el suelo, los puestos y las tiendas y los tenderetes de utensilios y productos del campo se hallaban tirados por aquí y por allá, mientras multitud de personas corrían despavoridas para librarse de la carga indiscriminada de los hombres a caballo que atravesaban con sus lanzas todo lo que se moviese, gritando que venían a instaurar un nuevo reinado, que Mubârak era un traidor y había llegado su fin, que el señor Labib Al-Amirí de Tortosa, venía a imponer su mandato, y que todos los que no acatasen su poder morirían como aquél.

El pánico envolvió a Sihr como un negro manto, y pensó que ella no quería morir, todavía no, ni así, que esa violencia gratuita sólo servía al ánimo sanguinario de esos guerreros insatisfechos de la vida, y aun se le pasó por la cabeza que si muchos dellos conocieran los verdaderos goces del amor, aunque fuese pagándola a ella, no necesitaran, ciertamente, buscar el descargo de su potencia viril en guerras y en crímenes que desolaban desa manera la vida normal de un pueblo. Las lágrimas inundaron sus ojos, pero no podía llorar, porque antes tenía que sobrevivir, esconderse en algún sitio hasta que la revuelta pasase, y sobrevivir, y luego buscar a Naysân y al ilusionista, y a la adivina, poca adivina era esa que no había predicho tan mala suerte, y a los otros, ¿qué habría sido dellos?, y guardar sus dineros y su cítara y guardarse de esos hombres que iban y venían a caballo, dando vueltas y gritando, cortando cabezas y caras y brazos, incendiando los carros, saqueando las tiendas, llevándose lo bueno que encontraban y pisoteando bajo las patas de los animales el trabajo y el esfuerzo de tantos hombres y mujeres que nada tenían que ver con sus afanes políticos.

Se echó la noche cerrada y los soldados seguían destruyendo lo que encontraban a su paso, borrachos del vino que habían tomado y seguían haciéndolo para darse ánimos para la batalla, y Sihr llevaba ya varias horas escondida en el patio de un herrero, arrebujada entre las forjas y los hierros y los cobres y las piezas pesadas y los instrumentos del mismo, que por pesar tanto seguían allí sin ser tocados, y rezó a Alá para que pronto amaneciera y aquellos locos necesitaran dormir y viniese el señor dellos a tomar definitivamente Balansiya y dejara tranquila a la plebe para enterrar a los muertos y recuperar sus pertenencias, pero de haber sabido lo que la esperaba, no hubiéralo hecho,

42

Las prostitutas

pues con los primeros rayos de luz, aventuróse a salir de su escondite, una vez se hubo asegurado de la marcha de los soldados y viendo que otros del mercado ya volvían tímidamente a sus puestos, y muy cerca de allí encontró el cadáver de su desdichada compañera, atravesado de un tajo y pisoteado de bruces sobre el suelo.

La mumisa sintió un penetrante dolor, una indescriptible amargura por la injusta muerte de la joven y la certeza de que aquel baño en las aguas del mar le había salvado la vida. También pudo encontrar los cuerpos del ilusionista y de una de las esclavas, y más allá, casi irreconocibles, los cadáveres de la adivinadora, tendida sobre sus piedras y su manta, y de los equilibristas, colgados con otros. Las lágrimas y los gritos de Sihr se mezclaban con el llanto de otros muchos que buscaban y clamaban a Alá, mientras se escuchaban a lo lejos rumores de batalla que anunciaban que las luchas por el trono continuaban en el palacio del rey eslavo y en las munyas de los señores nobles. Sin perder más tiempo, Sihr corrió hasta el campamento, con la intención de rescatar alguna pertenencia, sorteando los obstáculos entre los cadáveres desconocidos y los saqueadores miserables que portaban sacos para aprovecharse de la desgracia, y recordóse de aquella sensación que había tenido al llegar de que aquí venían para quedarse largo tiempo, y se dijo que era cierto, pues Alá había querido que se uniesen sus destinos, el de los otros, viniendo a morir a estas tierras, con el suyo, viniendo a nacer de nuevo, en este mes de Dhu-l-hicha, del año 409 de la Hégira. Decidió que aquí se instalaría, pues aquí era donde, librándose milagrosamente de una muerte cierta, le señalaba Alá que era donde tenía que hacer su trabajo, que a los hombres desta tierra mucho les hacía falta el desfogue del cuerpo para el desfogue de la mente y que dejaran de ingeniar tanto en la muerte del alma, y recordó impresionada cuando, tiempo atrás, cambió sus servicios amorosos por una profecía, la que habíale prometido que nacería del mar, ella, humilde y anónima, como lo hiciera la diosa Venus de los antiguos romanos.

Buscó una de las ventas de la ciudad, que es donde mejor se comercia con las ganas de amores, ya que los viajeros son clien-

Sihr 43

tes rápidos, discretos y olvidadizos y dejan dineros que luego no vienen a reclamar, y allí se presentó al ventero como lo que era, mumisa recién llegada, pidiéndole hospedaje y ofreciéndole a cambio compartir beneficios con él, quella alquilaba su cuerpo por las ganancias y no por el placer, tal como correspondía en mujer pública, que era soltera y libre de cualquier lazo y extranjera en esa ciudad, por lo que haría clientela más pronto que si fuera viuda local, y al ventero, que le hacía falta ayuda después de ese nuevo desastre, y que además necesitaba compañía de mujer y como Sihr le gustó, llegó a un acuerdo con ella y le dejó una habitación de las más humildes de la venta y le dio derecho a comer caliente una vez al día.

Pronto comprobó el ventero que no había errado, que la mumisa era mujer astuta y aplicada, que bailaba delante de huéspedes y comensales sabiendo levantar los ánimos y no había hombre de los que por allí pasaban que no alquilasen un rato las alegrías de su cuerpo. Además era limpia y aseada, queso siempre agrada, e ingeniábaselas con afeites y perfumes para parecello más; cumplía con las abluciones y las oraciones diarias que ordena Alá, reservando el tiempo preciso entre cliente y cliente, y tenía habilidades secretas y brebajes de hierbas y otros mejunjes y aguadas que ella misma se fabricaba para no preñarse, era callada y buena escuchadora, y poseía otras virtudes que al ventero bien le apetecía ir descubriendo, además de sentirse atraído por cierto halo de tristeza que todavía embellecíale más el rostro. Diríase que esa mujer tiene hechizo, que ya su nombre lo dice, Sihr, magia, y más de uno repite de vella, no sólo caminantes y viajeros, que también se vienen los locales, y esta venta ya tiene fama.

Todavía no había acabado ese año, y Sihr ya pudo dedicar dineros a hacer limosnas de relevancia, tal como se ordena en la Ley del Profeta y de Alá y, con su pecunia, había logrado levantar, en el cementerio, un pequeño monumento a sus compañeros de caravana muertos, donde iba a orar semanalmente, después de hacer sus compras en el mercado.

El ventero se había enamorado de ella, y sólo deseaba que siguiese viviendo cerca de él, por eso, cuando aquella tarde había llegado el soldado de palacio que decía conocella y ella lo había recibido alegre y animosa, y le había ofrecido comida y bebida y luego le había invitado a subir a su cuarto, gratis, decíale, para ti mi señor, ésta es la recompensa por tus favores y hoy hallarás la mayor dicha que Alá te haya reservado, y ella había bajado luego al comedor sola, agitada y sudorosa pero entera y con el gesto altivo, y el ventero le había preguntado por el soldado y ella le había contestado que ningún soldado había entrado en la venta aquella tarde, por eso, él había asentido, había dicho que era verdad, que ningún soldado había venido. Luego, habían seguido arreglando la bodega y el sótano, reforzando las esquinas, rellenando los huecos del suelo y encalando las paredes, sin hablar de esos sacos humedecidos de líquido sanguinolento que habían quedado emparedados y que nunca habían existido.

LUPA

Alto del Cebrero (Lugo)
Era 1038. Año vulgar de 1000

A mediodía del primero de enero del año 1000, la extraña gente que vivió la primera noche del primer año del segundo milenio en el burdel del alto del Cebrero, acalló sus plegarias y respiró con alivio, antes de que algún malandrín apuntara que no había pasado nada —a Dios gracias—, pero que estaba todo por suceder. Por lo de la data, porque se equivocó Dionisio al datar, hecho que habían discutido abundantemente durante las largas horas de oscuridad.

Lupa, la «abadesa» de la mancebía, respiró con ansia, abrió mucho la boca, aspiró, expiró, se abanicó con las manos, puso cara de albricias y, entonces, invitó a vino a toda la concurrencia que estalló en parabienes y comentarios. ¡Qué noche, qué noche aquella primera del año 1000! ¡Miedo, terror! ¡No habían dejado de temblar! ¡Ah, Dios!, que no era cuestión de sufrir en carne propia las agonías del Santo Libro del Apocalipsis que predicaban los clérigos, que era mejor morir en un día cualquiera... Y los perros y las gallinas, que se despertaron por el jaleo, se sumaron al holgorio y comenzaron a ladrar y cacarear, lo que sabían hacer por su natura, pues que hacía tanto frío fuera que entraron a los bichos de la corraliza.

Bebieron todos; pues, por hacer penitencia y llegar con el alma limpia al Juicio Final, estaban ayunados, y también hicieron aprecio al queso y al pan que sirvió Lupa. De los dos eremitas que habían abandonado las pompas y vanidades del mundo, uno, el hombre se atragantó con un trozo de queso, y eso que era blando, del de tetilla, y le vino mucha tos; la mujer, que vi-

46 *Las prostitutas*

vía en una casucha hecha de ladrillo con un ventanuco para que la buena gente, por Dios y su Santa Madre, le entrara un bocado, se manchó toda la ropa de vino, pero no le importó porque iba vestida de harapos. Las muchachas de Lupa, después de comer y beber sin tino, le preguntaron a su ama si hacían una «obra buena» con el cenobita, puesto que era un día especial, un día en el que todos los pobladores de la Tierra, o casi todos, porque hay personas que no se enteran nunca de nada, esperaban que se acabara el mundo y no se había terminado, no se había sumido en el abismo negro; al menos de momento.

Lupa respondió que dejaran al religioso, que ya se retiraba a su cueva seguido de la monja, que se iba a la suya y, cuando se quedó sola con sus mancebas, habló y habló hasta que durmió a todas.

Comenzó diciéndoles que sería bueno que continuase el terror causado por el inicio del nuevo milenio en todo el camino de Compostela, pues que así seguirían un tiempo sin hombres que atender, descansando de los agobios de la cama, tiempo que, sumado al que llevaban sin ellos por lo del año 1000, por lo del Juicio Final, por los vientos, la lluvia y la nieve que señoreaban en el Cebrero, les haría bien. Tanto bien que, cuando se presentaran los varones, ellas serían casi vírgenes, es un decir, aclaró, serían como mozuelas que se prestaban al gracioso contentamiento por vez primera.

Las muchachas se reían y hacían chanzas groseras. No habían dejado de rezar por la salvación de sus almas inmortales y de temblar por la suerte de sus cuerpos mortales, y ya hacían bromas soeces, y, lo que decía Lupa, que las mujeres de aquella casa no tenían solución, que eran lo que eran: hembras fornicarias; lo mismo con lo que las insultaban los dos eremitas del Cebrero. Vaya gente la que se juntaba en la cima del monte, dos religiosos que se habían retirado del siglo y seis putas sabidas. Ni a posta se encontraban unos habitadores más dispares.

Claro que por eso se habían llevado siempre mal entre ellos. Los clérigos, cuando Lupa se estableció, la quisieron volver a las tierras burgalesas de donde procedía; luego, el fraile pretendió confesarla y la monja se ofreció a tomarla de criada y a que viviera con ella en su casa de ladrillo. Y ya, después, cuando el santón la vio ligera de ropa e imaginó lo que hacía, la apedreó. Cierto que la enladrillada no intervino, y que Lupa respondió también a pedradas, terminando el hombre malherido.

Y lo que explicó Lupa al cenobita, que ni ella ni sus muchachas habían elegido ser rameras. Que cada una tenía su propia historia personal, pero muy común. A ver, en las historias, las más se lo habían encontrado al paso. Ninguna nació hembra fornicaria, por supuesto, sencillamente cada una por su cuenta tuvo hambre, no tuvo nada que comer, y se echó a la vida, al camino, al arroyo, se tumbó en el duro suelo o en una cama, se alzó la saya y, a cambio de un pan o de un boto de vino, o de un dinero o de una joya, se dejó hacer y, luego, se encontró en un mundo del que no podía salir, ganando, además, un buen dinero con bastante facilidad, puesto que no tenía que inclinarse en los campos ni que fregar, a cambio de lo mismo o menos.

Ella, Lupa, consiguió escapar de los moros con otra joven que sería su compañera durante varios años. Ambas tomaron el primer camino que encontraron hasta donde las llevó, hasta Burgos en concreto. En esta población, llamaron a varias puertas, incluso al castillo del conde, pero nadie les abrió ni les dio de comer; vaya, que no les prestaron socorro, y eso que las gentes habían comenzado las penitencias para pasar con más holgura las pruebas que habían de sufrir próximamente, pues que se conocía que llegaba el Juicio Final. Así que siguieron otro camino.

«¡Ah, los hombres!», exclamó la «abadesa». Antes de llegar a León, como en la vereda no había ninguna autoridad que pusiera orden, las violaron tres veces. A la cuarta, ya no sufrieron dolor ni pudor, optaron por cobrar el servicio, por volverse industriosas. Así cuando venía un hombre o varios por el camino, Lupa y su amiga enarbolaban el ramo de romero, que llevaban siempre a mano sujeto en el ceñidor, como si de una albenda se tratara, y ya el veniente sabía a qué atenerse, o abonaba el servicio o se marchaba, y ellas llenaban su faltriquera o no la llenaban, según el hombre fuera más o menos concienciado a ganar la indulgencia, pero se evitaban la violencia porque su profesión, el ser mujeres en común a muchos, estaba instituida de muy antiguo.

No acababa de decir Lupa lo que decía que se durmió Menda. La «abadesa» continuó explicando que en la ciudad de León, una alcahueta las entró en una acreditada mancebía, que allí aprendieron las artes buenas y malas de su oficio, y a limpiarse después del acto carnal: a bañarse, a aplicarse lociones en las partes bajas y a utilizar el irrigador para ahogar la semilla masculina antes de que se sujetase en el vientre femenino. ¡Ah!, pero su compañera y amiga, una buena hembra, muy válida para contentar el vicio de muchos, se infectó de bubas y falleció a los pocos días, apenas le reventaron los bubones, entre aguas purulentas. Mala suerte. Y es que no creía en los baños y menos en el irrigador. Tal avisó a sus muchachas para que lo aprendieran bien.

Y ya ella, Lupa, para quitarse la pena de la muerte de su amiga, partióse hacia Compostela, una ciudad que crecía a buen ritmo por la mucha gente que acudía para ganarse el Cielo. Pero no llegó...

A este punto del relato a Oria le cogió el sueño. Vaya, que Lupa se iba a quedar sin oyentes, aunque siguió como si nada, que llegó adonde iba porque algunas personas a las que ofreció sus entrañas en el camino le aconsejaron que no fuera, puesto que el Apóstol no quería putas, al parecer, y le aseguraron que el Santo la expulsaría de la ciudad, lo mismo que había hecho con varias mujeres de su condición.

Y ya entró en otra prédica; que había mucha diferencia entre los peregrinos que iban a Compostela y los que venían. Los yentes ocupaban la diestra del camino, iban muy bulleros y aceptaban de grado yacer con mujer; los venientes llenaban la siniestra, andaban recogidos en sí mismos entonando el *mea culpa,* sin alzar los ojos del suelo. Los primeros eran muy voceros y dados al vino; los segundos comían de caridad en los albergues y no gastaban dinero, ni miraban a las mujeres, es más, muchos las consideraban la reencarnación del demonio.

Aquí se durmió Nana. Aunque Lupa lo comentó, volvió a lo anterior, a su vida... Ante lo que le pronosticaban los viajeros, cuando pisó la cumbre del Cebrero y se quitó los sudores que le produjo la empinada cuesta por la que se accede a la cima, decidió quedarse en aquel lugar, lejos del señor Santiago, pues que

Lupa

tanta inquina demostraba a la impudicia, tomó posesión de una casa en ruinas, que tal vez tuviera amo, ajustó la reparación con hombres de Piedrafita, que le echaron paredes y tejado, pagó con su cuerpo y, a poco, ya abría casa de lenocinio en lo alto del monte y recogía a mozas que, como ella, andaban por los caminos sin gobierno de padre ni de madre, con gran disgusto del eremita del lugar, que la apedreó, como se ha dicho.

Se durmió Minga. Todas sus chicas se adormecían, y eso que Lupa tenía una voz cantarina. La «abadesa» siguió explicando que le respondió al santón con la misma vara de medir, con las piedras, y a la santona con su larga lengua; y le habló de Dios, le habló del Criador que hacía llover mismamente sobre justos e injustos, sobre ellos y sobre ella, y se prestó a darles de comer tanto a él como a la monja enladrillada, en lo duro del invierno, cuando la nieve llenara las quebradas del Cebrero y los lobos aullaran a las puertas de las casas.

Los cenobitas no aceptaron su ofrecimiento; adujeron que el monte, antes que de todos los seres vivientes, ya fueran hombres, pájaros o sargamantas, era de Dios, el amo de lo que se veía, de lo que se tocaba, de lo que olía. Que Él los había llamado a ellos, en exclusiva, para que rezaran por los pecados del género humano, lo que venían haciendo de tiempo atrás, pero que, a ella, no la había convocado, no le había dicho: ven Lupa, y ella se había presentado, no. Que ella, además, practicaba la coyunda ilícita, nada más ingrato al Señor y, tanto el hombre como la mujer enladrillada le pedían que se fuera y le decían: hembra fornicaria.

Cristina, la única de sus mozas que todavía la escuchaba, se durmió también, vaya. Lupa, por una parte, lo sintió porque venía lo mejor de su historia, pero, por otra lo agradeció, la joven la estaba poniendo muy nerviosa con tanto rascarse los sabañones; además se estaba haciendo una carnicería... A poco, la «abadesa» empezó también a cabecear e interrumpió su relato cayendo en un pesado sueño. Así que continúa la autora con él, como si fuera Lupa:

Pues, que hubo unos inviernos muy fríos, con heladas, vientos y lluvias, y unas primaveras peores, las del moro Almanzor, que su recuerdo amargue la boca, que asoló la tierra cristiana de

50 *Las prostitutas*

Barcelona a Compostela. Cierto que por el Cebrero no pasó, que debió entrar en Galicia por la zona de Zamora. Y Lupa ayudó a los santones que se morían de hambre, y ellos dejaron de insultarla, de llamarla hembra fornicaria y la llamaron por su nombre. Le agradecieron el caldo o el pote, pero la evitaron, no hicieron migas con ella, y no valió que les dijera que en su burdel no admitía mujeres casadas ni viudas ni a las menores de doce años ni, en otro orden de cosas, a las zurdas ni a las que arrojaban olor fétido ni a las que padecían lepra. Los ermitaños elogiaron su generosidad, y vale.

Claro que meses antes del primer día del segundo milenio de la era cristiana, la paz que reinaba en la cima del Cebrero vino a troncarse porque comenzaron a pasar procesiones de flagelantes, gentes azotándose las espaldas y gritando: ¡Pecadores, arrepentíos, el fin del mundo está cerca!, y a Lupa y a sus mujeres se les revolvió el corazón y trataron de acercarse a los eremitas, que no quisieron platicar con ellas.

Naturalmente que se enteraron de adónde iban aquellas compañas de hombres y mujeres, que no iban a ganarse la vida eterna a Compostela, sino a Finisterre, puesto que decían los viajeros del flagelo que en aquel lugar, situado al oeste, al borde de la Mar Tenebrosa, se acababa la tierra, y defendían que en aquel sitio había de empezar el Fin del Mundo, y ya contaban que ellos querían ser los primeros en atravesar la puerta del valle de Josafat y coger buen puesto para tener la Eternidad lo más grata posible.

Lupa y sus chicas dudaron si sumarse a una procesión y encaminarse al Fin del Mundo, pero les entró pereza porque hacía un tiempo del demonio y nevaba por doquiera, y además estaban ganando muy buenos dineros con tanta parroquia. No obstante, consultaron con los ermitaños que las instruyeron en el problema de la data y les explicaron que Dionisio el Exiguo se había confundido pues que no contó el Año Cero, les dijeron que los años iban menos uno, cero y uno, y que el fraile se había dejado el cero; que, en consecuencia, el primero de enero comenzaría el Año Cero y que el Fin del Mundo sería el año próximo veniente y no el saliente y, para mayor confusión, añadieron que tampoco se sabía si Dionisio había datado con la En-

Lupa 51

carnación, con la Natividad, con el año vulgar o con la Era, y que si el monje había utilizado la fecha de la Era el Fin del Mundo tendría que haber sucedido hacía la friolera de treinta y ocho años, y no había ocurrido nada nuevo, pero que no era probable que Dionisio conociera la Era. Y acabaron diciendo que se dejaran de pamplinas, que el Reino llegaría cuando Dios quisiera, quizá dentro de otros mil años, y les instaron a velar y a orar, a estar vigilantes, como las vírgenes prudentes.

Las meretrices se quedaron ofuscadas y, como pasada la Pascua de Nadal, las gentes que coronaban el Cebrero luchando contra la ventisca, eran multitud y todas corrían hacia Finisterre, volvieron a dudar si emprendían el camino y hasta quisieron llevar con ellas a sus vecinos los eremitas para marcharse todos, pero los santones se negaron, dijeron que allí vivían y allí se quedaban, y que fuere lo que Dios quisiere.

Ellas vieron que ya no llegaban a ninguna parte y, el último día del año, el 31 de diciembre del 999, se llenaron los cabellos de ceniza y se azotaron las espaldas. Estuvieron, mientras hubo luz, mirando a la vereda, viendo pasar a los rezagados, que ya no corrían, que iban como almas en pena hacia el Finisterre. Observaron varias bandadas de pájaros volando en la misma dirección y oyeron al lobo aullar en la lejanía.

Cuando se hizo la oscuridad, Lupa y sus pupilas comprendieron que iba a suceder lo peor, y una comenzó a llorar, otra también; una a temblar, otra también y una se dio latigazos, y otra también, de tal manera que se contagiaron de pánico unas a otras, y el burdel de Lupa fue un horror, un rechinar de dientes.

Entonces optaron por llamar a los santones, que, de primeras, se negaron a ir con ellas, hasta que al filo de la medianoche se presentó el hombre pidiendo cobijo y la mujer enladrillada gritó, llamando que fueran, por Dios, a buscarla. Y se presentaron todos, rompieron con un pico la casita de ladrillo y la sacaron de allí. La santona respiró hondo al salir, dijo que hacía años que no respiraba aire puro, un aire que no proviniera de sus propias heces, y se fue contenta a la mancebía, puesto que en aquella última noche del mundo, todos los hombres, píos e impíos, necesitaban la compañía de otros hombres.

Pasaron mala noche, todos arracimados, entonando plegarias en común, flagelándose, temblando, creyendo que cada ruido que oían era el aviso del Fin del Mundo, incluso creyeron escuchar las trompetas del Apocalipsis, y, por fin, a mediodía del primero de enero, como nada sucedía, a Dios gracias, respiraron hondo, después de tanto espanto, y volvió cada cual a lo suyo.

LAS CAMPESINAS

AYSÛNA

Al-Qasr, de la provincia de Barbitaniya,
en Huesca. Año 244 de la Hégira

Había sido buena la cosecha de trigo y cebada, loores a Dios, el granero estaba lleno y podrían afrontar los fríos. Ya entraba el mes de aylûl, pronto se irían las calores, pero antes había que coger la almendra y la pera, los árboles iban repletos, aunque la pera se veía pequeña este año, y habría que bajar las ovejas del monte, y rezar para que las constantes riñas de familia entre los señores Banu Qasi y Banu Amrús les dejasen seguir sus obligaciones en paz.

Aysûna cogió al más pequeño de sus hijos, que ya correteaba con paso firme entre los otros, y se sentó a la sombra de la casa, junto a la puerta de entrada bajo un pino carrasco ya añoso, y se lo arrimó para que tetara un rato, pero el crío se zafó de las manos de la madre y salió corriendo. La labriega se resignó a aguantarse el dolor y la hinchazón de los pechos con la crecida de leche, y se imaginó que el pequeño no tetaría más, claro, si ya come del caldero como los otros, pero mientras tengo leche no me quedo encinta, pensaba, y este hombre, en cuanto baje con los corderos, me preñará otra vez, y vuelta con la barriga para el invierno, y la oliva del año que viene la tendré que varear con el hato del crío encima. Bueno, el marido tendría que llevarse el grano a moler a Bolea, y entre ir y venir y pararse en el mercado de Huesca, medio mes o más la dejaría tranquila, ay, queste hombre no piensa en otra cosa, y encima de quejarse de que no puede tener más mujeres, a mí no me deja tranquila, y qué más quisiera yo que compartirlo con otras, que de paso algo ayudarían, que aquí no hay más que trabajo, que cuando hace bueno, porque hace bueno y cuando hace malo, porque hace malo.

Se atusó la lifafa sobre la cabeza y volvió a ponerse el amplio sombrero de paja y se acercó hasta la acequia para ver que la noria del agua estuviese limpia y sin atascos, porque los olivos tenían que regarse sin falta, que estos dos meses próximos son los más importantes. El agua le venía a la acequia del río Vero, que atraviesa la capital de la provincia de Barbitaniya, que tiene otros dos ríos, el Alcanadre y el Cinca, pero el Vero es el más saludable, el de aguas más claras y por eso aquellas tierras, llamadas Al-Qasr, eran tan fértiles, por la gracia de Alá.

Sus amas estarían contentas, es decir, el ama Nunilo, la mayor, que la pequeña ni se enteraba, y cómo había de hacello, si no alcanzaba los diez años, a ver, tendría la misma edad que el cuarto suyo, sí, que para la fiesta de las mujeres en el Nayrûz de aquel año se hallaban las dos preñadas, su señora dueña y ella, y qué bello festejo se organizó, aquella vez... había llovido mucho en el invierno, y brotaron las flores y los frutos más hermosos que nunca, y todas las mujeres de la capital y los arrabales y los alrededores estaban alegres y excitadas, y esperaban la primera luna llena del mes de âdâr con impaciencia, porque ese día se celebraba la fiesta de la tierra que renacía tras el invierno y se pedía la fertilidad de las mujeres, eran ritos y alegrías que venían de muy antiguo, y nunca se dejaron de conmemorar, Aysûna los había vivido desde muy niña, y su madre y la madre de su madre los habían vivido igual, qué hermoso era ese día, se pensaba, de cantos de agradecimiento y coplas de mujeres sabidas desde siempre. Se puso a caminar de nuevo, recordando que aquel día, en aquel año, habían sacado a las afueras de Barbastro, en la zona extramuros al sur que era la que más protegida estaba del viento, mesas y asientos y mantas para el suelo, y toldos y sombrillas de muchos colores, y collares que las niñas habían hecho durante días con flores y bayas y hojas, y guirnaldas para el pelo y para ponerse a la cintura, y otras más grandes para adornar los bancos y las tiendas, y también había columpios y se extendieron sobre la hierba las grandes telas preparadas en el invierno por las hilanderas y las tejedoras con dibujos de frutos granando y vientres en flor, y se colocaron macizos de plantas de todas las especies que brotan en ese tiempo, formando un paisaje todavía más hermoso que el que ya había con los jardines florecidos por la primavera, y llevaron comida y bebida en abundancia, instrumentos de todo tipo para hacer música y pañuelos de colores, y todas las mujeres cantaban las estrofas que ya conocían desde niñas y otras nuevas que inventaban, o las casidas amables de las cantoras más cultas, o las canciones populares de plazas y mercados, y bailaban, y reían, y hablaban unas con otras y saludaban al sol del nuevo ciclo de la vida que empezaba, ah, que alegría, pensábase Aysûna, las mujeres y la tierra, todas juntas, sin velos sobre el rostro y sin cubrirnos la cabeza, sin hombres, sólo con los hijos más pequeños, que ésos llevan nuestra semilla, las mujeres, qué felices somos en esta fiesta, bailando alrededor de los árboles, danzando solas y en grupo, jugando y cantando, y contentas de ser mujeres, por una vez libres y descalzas sobre la hierba, tomando lo mejor de la brisa fresca del día, y después, en la noche, encendíamos hogueras y entonces se producía un silencio inmenso, y todas mirábamos a la luna, que es la primera mujer, la gran madre que a todas nos guía, y su luz es como el vientre de la preñada, y ahí estábamos, mi señora ama y yo, las dos a punto de parir, y me dijo, Aysûna, qué hermosa es la vida, a pesar de todo, y le dije, sí, señora mía, pero este día y esta noche son los más hermosos de todo el año, que ahora somos todas iguales, cristianas y moras, aquí estamos todas, señoras y esclavas, y sirvientas y doncellas, y viejas y jóvenes, y pobres y ricas, señora, todas igualadas, porque la luna nos dice que aquí estamos para dar a luz la vida, y preñadas somos todas iguales, mi ama, y ella me abrazó, y entonces la más vieja del lugar, la que por tradición dirige el ritual, entonó el gran grito que marca el comienzo del ciclo y entonces todas nos pusimos a danzar alrededor del fuego, bien es cierto que yo no aguanté mucho bailando, que ya andaba pesada, y había otras con barriga que también se iban parando, pero todas reíamos y nos sentíamos muy felices. Pobre señora, qué vida tan corta, ella que fue tan buena y siempre me quiso de veras, ya no se han podido celebrar otros festejos para el Nayrûz, cada año habían revueltas y refriegas de guerreros y los hombres y los maridos, y aun el juez convino en no permitir otras fiestas, para protegernos de las escaramuzas, dicen, pero nunca se sabe con estos hombres, nunca se sabe, prefieren tenernos quietas en casa y trabajando, que Alá me perdone, pero ya hace casi diez temporadas del último festejo, y ésa era nuestra única noche libres, y nuestro único día fuertes, y mi pobre señora ya no vio más fiesta de mujeres, ni ha de ver ya otra... ¿por qué Alá querría que muriera tan joven?, que Él la tenga a buen recaudo y a mí me perdone por blasfema, pero no se merecía la muerte, quella era buena madre y buena señora, aunque cristiana, queso no tiene importancia, y siempre a las hijas las educó rectamente y ellas fueron cubiertas de cabeza y de rostro, y aunque no renegó de su religión, vivió con nuestras costumbres y fue sumisa al marido, que Alá también guarde, y lo quiso como era, árabe y hombre, y crió a las hijas respetando al padre y sus modos aun después de viuda, que tuvo que enviudar también por mandato de Alá, y aun así siguió fiel a la memoria del difunto, pero Alá no contento siguió enviando el infortunio a esa familia y al poco hubo de morir también ella, dejando a las hijas pequeñas. Ya hace dos temporadas deso, sí, que fue en el tiempo de coger las viñas, como ahora, ay, y ya le gustaría catar las uvas deste año, ya, tan gordas y tan ricas que han venido.

Sumida en suspiros y pensamientos, habíase llegado a los manzanos y allí estaban jugando tres de los siete zagales que a la labriega le vivían de los diez varones que había parido hasta la fecha, y gritóle a uno de los grandes que fuera a coger un hato de borrajas a la huerta y que se trajese a casa a los pequeños, que ya se echaba la tarde.

Al llegar al humilde caserón, vio orillado el palanquín de su ama, la niña Nunilo; y más allá los sirvientes, esperando. Entró rápidamente a la casa y se encontró ya sentadas a Nunilo con su vieja aya, y a la hermana, la pequeña Alodia que jugueteaba con un hijo suyo, el de su misma edad. La niña Nunilo debía tener quince años, pero su aspecto no era el de una doncella, sino que por su porte grave y digno aparentaba ser mujer añosa, y es que tras la muerte de la madre, tan seguida de la del padre, toda la responsabilidad de la casa y la hacienda había caído sobre ella, y eso y la tristeza habían hecho mella en su rostro.

Después de las salutaciones, las reverencias, las sonrisas de cariño mutuo y las cortesías habituales, Nunilo le hizo saber a Aysûna el motivo de su visita sin aviso y quizá precipitada. Que la madre, sabía ella, era la que había aportado al matrimonio los bienes, que procedía de familia importante y de renombre en la Barbitaniya y que ella había sido única heredera; que el matrimonio de su madre y de su padre había gozado de buen negocio y prosperidad y habían aumentado ingresos y bienes, puesto que, aunque formada por árabe y cristiana, la unión de sus padres había sido conforme y basada en el respeto y los dos caminaron siempre a una, que su padre no tomó más esposas y su madre le había guardado obediencia, y que a la muerte, primero del padre y luego de la madre, ningún pariente hubo que se interesara por ellas o que acudiera a socorrerlas, aun siendo muy joven ella, Nunilo, y una niña todavía Alodia, y que las dos, con la ayuda de la buena aya y del secretario administrador que ya lo era en vida de su padre, habían mantenido las propiedades, siguiendo con las tierras y la casa, y si no dime tú misma, Aysûna, si no sigues cultivando las tierras y me pasas cuentas de las cosechas, y bajas al mercado y mantienes la tierra y vives aquí a su cargo, con la parte del producto que te corresponde y a nosotras nos cumples con las rentas, que es eso nuestro acuerdo. Pues bien, un pariente que ahora reclama cercanía por la parte paterna, ha puesto demanda contra nosotras, las hijas de su familiar, acusándonos de cristianas, y reclama ante la justicia que abracemos la religión de nuestro padre y que abandonemos, Alodia y yo, nuestras prácticas cristianas, y tú sabes, Aysûna, que nuestros modos de vida en nada difieren con los que la ley del Corán manda, y que cumplimos los preceptos y me extiendo largamente en obras de caridad y que por eso yo y mi familia gozamos de gran estima en la grande ciudad de Barbastro, pero nada de eso viene a cuenta para la reclamación deste pariente, que se ampara en la obligación que impone la norma musulmana de que los hijos sigan abiertamente la religión del padre, en estos casos de mezclas, y yo no quiero, Aysûna, que nada malo hago y en nada quiero cambiar mi vida y lo que pienso, y más cuando este pariente mío, malhallado sea, sólo batalla para con-

60   *Las campesinas*

seguir nuestra hacienda, que ha protestado al amir Jalaf, pidiendo parte de las propiedades de mis padres, como pago por quitar la denuncia, o si no le es concedido, seguirá adelante con el juicio.

Aysûna comprendió el pesar que se traslucía en el rostro de la joven. Ya habían comparecido ante Jalaf ibn Rasid, el amir de Barbastro, hombre cabal y tenido por justo que conocía muy bien a las dos hermanas y se había relacionado con los padres, y que compadecido por su orfandad y por sus pocos años, las había mandado de vuelta a su casa sin imponerles castigo alguno. Pero a la vista dello, el familiar había acudido al valí Zumel de Huesca, a quien renovó la acusación contra las dos jóvenes, y a pesar de las dudas y el recelo que el pariente de las niñas le produjera al valí, y a pesar de sus deseos de dejar las cosas como estaban, se había visto obligado a dictaminar el encarcelamiento de las hermanas para proceder al intento de convencerlas, en la cárcel, de que abandonaran la doctrina de los cristianos, tal como, tomada estrictamente, mandaba la ley árabe.

Nunilo andaba muy preocupada y tenía miedo de que, una vez llegadas a Huesca, ya no las dejaran salir más, y por ella misma no temía, pero la hermana era muy niña, y le daba pena arrastrarla al mismo destino, y por eso había hablado con la pequeña Alodia y le había explicado como mejor había podido el asunto, y la pequeña había respondido como una mujer, que ella no quería cambiarse, pero también como una niña, porque había dicho que prefería cualquier cosa antes que separarse de su hermana Nunilo. Asín que sobre ella recaía de nuevo tan grande responsabilidad, y, por si las cosas venían mal dadas, estaba allí para avisarla de su decisión, que se lo dijera al marido cuando bajara del monte con las ovejas, pero que ahora, tomara este documento en el que venía indicado que les vendía las tierras, en su nombre y en el de la hermana, al precio de un dinar que ella ya consideraba recibido.

Es testigo deste negocio mi aya, que nos ha visto nacer y nos crió y nos consoló en tiempos de penas y duelos, y que va a acompañarnos también a la prisión, y no protestes, Aysûna, que me has servido bien, como bien lo hiciste con mis padres, y te debo estima y agradecimiento, y si mi Dios y el tuyo disponen que no vuelva de mi cita, seguro que los dos quieren que la tierra sea para quien la merece, y no para aquel que se vale de trampas y malas intenciones para enriquecerse sin esfuerzo y sin merecimiento.

La campesina escuchaba atentamente a su señora Nunilo, pero en esta última parte, alzó las manos, negando abiertamente lo que a ella le parecía impensable. Cierto que el pariente iba a las malas y que pretendía la hacienda de las jóvenes, valiéndose de una artimaña jurídica con voluntad aviesa, y que por mucho que se resistiesen los corazones de los jueces, al final tendría que prevalecer la ley, y si su niña Nunilo no cedía, es que Alá así designaba que tenía que ser, loado fuera por siempre, pero de ahí a donarle las tierras, la heredad de la familia de su madre, no, no podía ser tamaño despropósito, y se negó en rotundo.

No llores, mi buena Aysûna, y no te resistas. La casa queda vendida al secretario que administró los bienes de mi familia, el molino de aceite y sus depósitos, al que lo tuvo arrendado por veinte años, y hay otras propiedades que he repartido a los que bien nos sirvieron queriéndonos en vida de mi madre, por eso esta tierra ha de ser para ti, Aysûna. Mi hermana Alodia y yo hemos elegido nuestro camino, y la decisión está tomada, porque vamos a mantenernos en nuestras convicciones, y según la ley de Mahoma, nuestro castigo es la muerte.

Pero como la labriega, arrodillada a los pies de su señora, entre llantos y ruegos, siguiera negándose a recibir la escritura de propiedad, Nunilo le hizo una promesa: que tomara las tierras en depósito, porque transcurrido un año ellas volverían allí, y ponía dello por testigos a su Dios y al de ella juntos, que más fuerza harían, y asín ella misma, con esa promesa hecha, de alguna manera se las tendría que ingeniar para regresar, acuérdate, Aysûna, para la uva de la temporada que viene. Aysûna más calmada, aceptó el trato y preparó de comer, que todos los críos se arremolinaban con hambre y aun ellas, las mayores, ya sentían las tripas vacías con tantos parlamentos.

Llegaron las lluvias y los fríos. Bajó también el marido del

62   *Las campesinas*

monte, y se fue a Bolea, y volvió para las vides. La oliva vino abundante, daría buen aceite y espeso, qué lástima que su niña Nunilo no hubiese vuelto todavía de las cárceles de Huesca, para llevarle las rentas y darle cuentas de cosechas. El invierno llegó crudo y descarnado, pero pasó pronto, y con el renacer de la tierra, loado sea Alá, ese año 244 de la Hégira, que Alá guarde en su memoria, permitieron de nuevo la fiesta del Nayrûz, después de tantos, y las mujeres danzaron otra vez en honor de la tierra y pidieron fertilidad y abundancia para ellas y para sus familias. Aysûna lucía preñez de poco tiempo, pero ya notoria, y es que después de tantos hijos, el cuerpo ya estaba hecho a la barriga, pensaba, pero aun así disfrutó como una muchacha, y enlazó sus manos con las doncellas y con las otras viejas en bailes y juegos celebrando la vida, y organizaron tal algarada que nuevamente los hombres suspendieron las celebraciones para próximas temporadas por miedo a las luchas políticas que podían saltar en cualquier momento. El verano llegó asfixiante como siempre, pero esta vez más triste, porque vinieron noticias de que las niñas seguían encarceladas, que su caso lo habían visto en Córdoba y que la observancia estricta de la ley exigía la pena de muerte para ellas. La labriega recordaba la promesa de Nunilo, por eso, cuando supo que habían sido condenadas, ella reclamó a Alá su cumplimiento. El trigo y la cebada se recogieron, la pera y la almendra también, y aquella tarde sombría que anunciaba frío Aysûna se puso de parto, y pensóse que en mala pata, pues que tenían que recogerse las uvas y ella iba a estar floja un par de días y encima tendría que amamantar al crío, y mandó al hijo mayor a buscar a la comadrona, que la cosa venía ya.

La matrona vino enseguida, por el reclamo y por contarle a Aysûna que las niñas Nunilo y Alodia estaban siendo ajusticiadas esa tarde en Huesca, y así, entre los dolores del parto y el dolor del alma y el llanto por sus pequeñas amas, Aysûna dio a luz primero a una niña, y luego a otra, hermosas como las rosas de su huerto, delicadas como el rocío de la aurora, y al verlas, la vieja matrona gritaba que Alá te los manda a pares, hija mía, que tienes pocos, y ahora dos, que por lo menos son hembras, que sólo

Aysúna 63

parías zagales, y te han salido de las entrañas dos creaturas preciosas como estrellas. La madre las tomó en brazos, jadeante y sonriente, mirándolas embelesada y murmuró amorosamente complacida que, ya me extrañaba a mí que no cumplierais la promesa.

AVA

Monasterio de Santa María de Obarra
Azud del Lobo (Huesca)
Era 1103. Año vulgar de 1065

Ava se levantó de su catre con dolor de espalda, no era para menos puesto que el día anterior había limpiado de abrojos los campos de trigo para preparar la sementera y, renqueando, se sentó en el poyete de la puerta de su casa y miró al cielo antes incluso de desayunarse.

Observó lo que había: a lo lejos negros nubarrones y cerca una bandada de cornejas volando alocadas a la siniestra, en perfecta alineación de tres en tres. Quedóse paralizada, puesto que las aves eran de mal agüero, y algo le querían decir los pájaros, puesto que llevaban nueve días presentándose ante ella al alba y al ocaso, sin faltar, seguramente avisándole de lo que más temía, de que sus tres hijos hubieran muerto a manos del sarraceno bajo los muros de Barbastro. Y no atinó a sopesar si era mejor que viniera nublado o claro, ni volvió a alzar sus ojos para contar las avecicas por si el número le desvelaba cuántas jornadas llevaban enterrados, más que nada para comenzar a llorar; ni a observar el correr del sol ni a recorrer los labrantíos con sus ojos, lo que le servía de consuelo. Estuvo un tiempo como alunada y, luego, entróse en su casa como si la persiguiera un diablo, se tumbó en el catre y se tapó con las mantas hasta la cabeza, como si quisiera desaparecer de este mundo.

Ah, pero sus pensamientos parecían torrentes bravos y no la dejaron encontrar solaz durante toda la jornada, la acuciaron, le vinieron a la mente sin pedirle permiso, y eso que Ava los quería apartar, que por eso trabajó tanto en el día de ayer quitando abrojos hasta que le dolió terriblemente la espalda.

Ava

Porque, ¿qué sería de sus siete cahíces de tierra blanca, sin hombres en casa? Lo que le dio a su difunto marido don Atón, abad del monasterio de Santa María de Obarra, en el lugar del azud del Lobo, cuando llamó a la población y otorgó carta, para que los labrara, segara, trillara y habitara con sus hijos e hijas y ganados por todos los tiempos, debiéndole pagar con la mitad de los frutos para el día de San Miguel de septiembre, con sendos pares de gallinas para la fiesta de Nadal y, para las tres Pascuas del año, sendas cargas de leña del monte, y, para marzo, un dinero por cada cabra u oveja, y, para el mismo mes, sendos dineros por colmena... Considerando que si parte de la tierra la dividía entre sus hijos, habría de abonarle tres sueldos por cada quiñón... reservándose el abad la explotación del molino y del horno, según se acostumbraba por aquellas vecindades... Y, además, había de darle para la Santa Iglesia diezmos y primicias... ¿Qué sería de ellos si sus hijos, los herederos de la tierra, hubieren fallecido ante las murallas de la ciudad mora de Barbastro, como le decían las cornejas?

Ay, el año había venido desastroso, se lamentaba la dueña revolviéndose en el catre... La cosecha fue mala y hubo helada para San Juan; las abejas huyeron a otras heredades para la Virgen de agosto y, luego, el cerdo enfermó de mal rojo y los canes de moquillo, y el río trajo avenida, y cayó lluvia, mucha lluvia, se decía moviendo las manos como queriendo quitarse una mala visión.

Y, además, fray Grimaldo, el prior, que sustituía al abad en las cosas de la guerra, se había llevado a sus tres hijos, que eran mozos, engatusándolos, diciéndoles que iban a una batalla en la que, por el solo hecho de participar, les serían perdonados los pecados y que, a más, conseguirían grande botín. Y se los llevó a la ciudad de Barbastro, de soldados, y ellos se fueron contentos a buscar otro pan, un pan que no proviniera de aquella tierra cicatera... Mala tierra la de Ava... Malos vientos corrían por allí... mala sombra daba la luna, y demasiada lluvia, ¡maldita lluvia!...

Además, el ecónomo de la abadía la amonestaría el día de San Miguel por llevarle tan poco grano, como si lo viera... Ella aguantaría el chaparrón... Todo porque Mingo, su marido, no quiso marchar a tierras del conde de Urgell, que bien pudieron ir puesto que el noble apretaba al moro por el sur y lo hacía retroceder, consiguiendo tierra para muchos cristianos, cuando, a más, era hecho conocido que el conde trataba mejor a las gentes y no pedía tanto, que se conformaba con menos. Porque ellos, ella, su marido y sus descendientes, eran libres, en efecto, tal le tenían que agradecer a Dios, pero era como si no lo fueran puesto que habían de dar casi todo y les quedaba apenas lo justo para comer, y habían de trabajar tanto y cuanto para sembrar, cosechar, segar, hacer las fajinas, acarrearlas, echar las parvas, trillar, aventar, cribar y meter el cereal en talegas, y eso en el tiempo adecuado y con el viento propicio. Que sin aire nada y con mal aire nada también.

Y ella, Ava, había dado con Mingo, su esposo, homenaje de boca y de mano a don Atón, cuya vida guarde Dios, reconociéndolo como señor natural para siempre jamás... Un día en el que el abad, rodeado de sus claustrales, los recibió con mucho boato en el refectorio del cenobio quince años atrás. Él, como un rey, sentado en un rico sitial, ellos en pie para arrodillarse enseguida ante su señor. Él comiendo una pata de cordero, ellos viéndole comer y apenas oyendo lo que el escribano leía, ya que hubieran aceptado lo que fuere con tal de cultivar aquellas tierras y de que las heredaran sus hijos y los hijos de sus hijos. Él despidiéndolos, ellos dejándose despedir. Ellos recibiendo la bendición del fraile y abandonando el lugar camino de sus tierras...

Después Mingo taló y aserró árboles para levantar una casa y, cuando hubo hecho acopio, a la salida de misa, pidió ayuda a los vecinos para asentar los maderos maestros y alzarla; y roturó los campos. Ella sacó agua del pozo, cosió colchones, guisó, lavó en el río, fregó, ayudó en los trigales y atendió a sus tres hijos, el mayor de cuatro años. Cuatro años casada, tres hijos vivos y uno muerto. Tres hijos, y otros que vendrían para bendecir su matrimonio, que crecerían sanos y fuertes y harían las labores hombro con hombro con el padre...

Pero su marido murió de calentura en el año quinto de su matrimonio, y sus hijos se fueron hace unos meses con don Grimaldo, el prior de Obarra, de peones, a hacer la guerra del rey

Sancho Ramírez de Aragón, a luchar contra los moros. Le aseguraron que volverían ricos, lo que les había dicho el fraile, sostuvieron que los sarracenos de Barbastro guardaban grandes tesoros y que éstos serían del primero que les echara mano, que ellos estarían despabilados y prestos, ya que, cuando después de un asedio más o menos largo, los cristianos entraban en una ciudad, los habitadores huían llevándose lo que podían, casi siempre poco, lo que les cabía en las alforjas o en las manos, y dejaban todo abandonado y corrían y corrían hasta que encontraban refugio en otras ciudades musulmanas... Le dijeron además palabras difíciles de entender: que de la guerra del rey Sancho volverían con el alma limpia, sin pecado alguno, porque el papa de Roma, don Alexandre II, había dictado bula —bula cree recordar que la llamaron—, concediendo el perdón de los pecados a todos los participantes, ya fueran caballeros o peones... Y ella, Ava, pese a que no comprendió el negocio, pese a que era madre y le doliera en sus entrañas que sus hijos partieran hacia una guerra, los dejó ir sin oponerse, mayormente por aquello de que el Señor Dios, por boca del Papa, perdonaba los pecados, y aun recortó un trozo de su sayal y se lo entregó a su hijo mayor para que lo llevara en el jubón, pegado al pecho, por si también a ella, que estaría al pie de las murallas de Barbastro con el pensamiento, le eran perdonadas sus faltas. Y, por si acaso sus hijos habían exagerado o entendido mal lo que les contara el prior sobre aquella guerra, volvió a coger su tijera y partió en tres trozos la única reliquia que tenía: el retalito que había comprado en el mercado de Graus pasado por el cuerpo incorrupto de san Urbez, y repartió un cacho para cada uno.

Pero nada sabía de sus descendientes. Nada se comentaba en las heredades del monasterio de la guerra del rey de Aragón, ni del prior ni de los mozos que fueron con él, y eso que Ava casi todos los días —hoy no, hoy no iría, no se podía mover—, se presentaba en el convento a pedir noticias y a platicar con otras comadres, para que le explicaran qué era aquello que le venía perturbando, qué era aquello de ir a la guerra y volver sin pecados y a preguntar a los frailes por qué no se admitía a mujeres, puesto que ella hubiera ido, a otras mujeres que no fueran cantineras

68 *Las campesinas*

o de otras raleas, como putas sabidas; a mujeres honradas, como ella. Y se lamentaba de que no las dejaran presentarse en la ciudad mora para limpiarse el alma, puesto que bien podía hacer de lavandera y de cocinera porque tenía suficiente experiencia acumulada. «Pues ¿cómo puede ser que el papa de Roma haga distingos entre hombres y mujeres a la hora de perdonar los pecados y de franquear la puerta del Cielo?» De todo eso y más platicaba Ava con las comadres del monasterio. De lo que no hablaba era de las cornejas que, de un tiempo acá, recibían el día y la noche volando a la siniestra de la puerta de su casa.

Y, de tiempo atrás, los frailes guardaban silencio y las comadres no sabían qué responderle, y eso que eran lenguaraces; hasta que, ante su insistencia, la despedían de mala manera por meticona, por hacerles dudar de los beneficios de aquella guerra, y ella se retiraba a sus soledades con el gesto amargo, con una lágrima a punto de brotar de sus ojos... No sabían contestarle o no querían hacerlo, aunque su demanda bien que les daba a pensar, porque lo que discurrían entre todas, que no era de razón que el Papa diera ocasión de salvación eterna sólo a los hombres y no a las mujeres también, cuando todos los habitantes de la tierra eran hijos del Criador, cuando era Dios el que perdonaba los pecados, cuando las mujeres podían desarrollar labores de intendencia en el campamento cristiano mientras los hombres hacían lo que habían hecho desde la creación del mundo: la guerra, la guerra sin cuartel, en este caso una bendita guerra contra los enemigos de Dios. No obstante, las comadres llegaron a la conclusión de que tal vez fuera mejor del modo que lo había hecho Su Santidad puesto que muchas mujeres honradas que, presumiblemente, fueran a ayudar y a salvar el alma en la conquista de Barbastro, como la carne es débil y el seso más, podrían encontrarse en un brete y llegar a perder su virtud; y no, no... Ya se ganarían ellas el Cielo donde siempre: en casa, al pie del figón, cuidando de los hijos y trabajando en los campos.

Claro que Ava temblaba, acaso tuviera fiebre, pues estaba acalorada, no fuera que llegaran nuevas del sitio de Barbastro, precisamente hoy, o que un viajero pidiera cama y comida en la alberguería del convento, e informara al abad y a sus gentes lo que

Ava 69

ella imaginaba: que los cristianos rodeaban la ciudad con enormes máquinas de guerra, torres de madera tan altas como las almenas, pero que los moros no las dejaban acercar. De que el rey Ibd Hud de Zaragoza llamaba a la guerra santa (las comadres de la aldea, y ella misma, supieron de boca de un fraile que la guerra santa de los musulmanes, encerraba también grandes promesas: si un moro fallecía en el campo de batalla, iba derecho, derecho, al Paraíso, otro Paraíso que el cristiano, y era servido para toda la eternidad por las huríes, especie de ángeles femeninos, sin duda, mujeres de mala reputación), y que se alistaban muchos hombres de toda Al-Ándalus. De que había muerto en una algara el conde Armengoll III de Urgell o el señor rey, en buena hora porque irían derechos al Cielo. De que los cristianos se habían pintado en las vestes cruces que les partían el pecho –algo se oía o imaginaba de ello–, y en los avances caminaban todo cruces por el campo de batalla enfervorizando los corazones de los sitiadores y mermando, poco a poco, la resistencia de los sitiados, que se preparaban para el duro invierno con escasas reservas de alimentos. De que habían venido gentes de muchas naciones de allende y aquende los Alpes Pirineos. De que los cristianos ni perdían ni ganaban, que, sencillamente, asediaban la plaza. Y hasta de alguna noticia de don Grimaldo, el prior, y quién sabe si de los hijos de Ava.

Cuando Ava coligió que el presumible viajero, aunque hablara largo del sitio de Barbastro, nada diría de sus descendientes, porque con tanta gente sería más que improbable que los hubiera conocido, lloró amargas lágrimas, se tapó todavía más con la manta y no le importó quedarse en el camastro. Y así estuvo uno, dos y hasta tres días, dispuesta a no presentarse con sus talegos ante el abad el día de San Miguel, tan cercano ya, para abonarle lo que le debía, poco, en efecto, por causa de la extemporánea helada de la primavera. Y de esa guisa permaneció en su lecho, con los ojos muy abiertos, sin comer ni beber, devanándose el cerebro pensando en Dios, en el papa de Roma, en el perdón de los pecados de los que sitiaban la ciudad musulmana de Barbastro y en las cornejas que seguían volando fuera, hasta que las mujeres de las casas del convento la echaron a faltar y le llevaron comida y algunas hasta la escucharon, no atentas, pues, cómo podían prestarle atención si ella, al verlas a su lado, se inició en una plática que amenazaba con no acabar nunca, en un chorro de palabras sobre unas cornejas que volaban a la siniestra, y no dijo que estuviera enferma ni que le doliera nada.

LAS TABERNERAS

JAMMARA

La tabernera de Elvira
Granada. Año 345 de la Hégira

Cuando Dios quiso que los vientos girasen de dirección, también les había dado la forma de adaptarse a ellos. Por eso, en casa de las taberneras se seguía ofreciendo el mismo vino, pero ahora se brindaba por Alá.

Jammara era entonces muy niña, pero recordaba que su madre, igual que la mayor parte de los convecinos de las tierras de Elvira, habíanse convertido al Islam, la religión de esos árabes venidos de otros lugares, para seguir conservando sus posesiones y sus modos de vida cotidianos. Por otra parte, esos árabes que se decían a sí mismos nómadas, y dueños del camino, y conquistadores sin fronteras, mostrábanse encantados con echar raíces en estas tierras donde el Paraíso tenía su morada, según cantaban sus poetas, y entre ellos mismos guerreaban, unos mudaríes y otros yemeníes, mientras a los antiguos pobladores los dejaban en paz y continuaban haciendo su vida acostumbrada.

La madre le había dicho a la niña que, a partir de ahora, llamaríase Jammara, que es el nombre árabe que significa tabernera, y porque a su decir sonaba a líquido entrando en el gaznate, y eso a ella le gustaba porque incitaba a la bebida, que con ello teníanse las dos que ganar la vida. Con eso y con la muerte de la madre acaecida tristemente sin terminar de crecer del todo Jammara, y por la necesidad de la supervivencia y por no tener a nadie que le hablara de tiempos pasados, la joven acabó por olvidar su verdadero nombre, y como tampoco encontrara diferencia en lo que al gusto del vino se refería, pronto se consideró a sí misma árabe, adaptada totalmente a los usos y costumbres islámicos.

74 *Las taberneras*

Hallábase el despacho de bebidas en una preciosa vega a orillas del río Genil, a las afueras del pequeño centro urbano de Elvira y rodeado de una chopera muy agradable para pasear y para estar, y la hana de Jammara resultaba por ello muy visitada y constituía un negocio muy rentable, habida cuenta de lo benigno del clima de la zona, pues la primavera veíase prolongada sin excesivos calores y el invierno tardaba en llegar gracias al lento discurrir del otoño, y todos los vecinos de Elvira, sin excepción, gustaban de mezclar los placeres de los sentidos, disfrutando del vino y de los dulces bajo los chopos y añadiendo a ello el escuchar música y canciones, casidas, coplas y *rissalas* en boca de los poetas que también acudían.

Ahora ya era Jammara mujer entrada en años y en carnes, pero había sido hermosa, lozana y dicharachera, y mucha clientela había atraído con su desparpajuda belleza, pero aún más con su inteligencia, al haber sabido aprovechar sus dotes en el trato con las gentes en cuanto al hablar con gracia y al escuchar con paciencia, y con su benevolencia con las debilidades humanas y su discreción tan apreciada en callar lo que, conducidos por el vino, los hombres son capaces de hacer y de decir, y que ella había visto.

Se había casado, mejor dicho, había tomado de marido a un vidriero que había aprendido el oficio en el taller del maestro Abbas ibn Firnas, el descubridor de cómo se podía fabricar el cristal, y que el futuro marido de Jammara había dejado, deseando establecerse por cuenta propia, y llegándose a Elvira donde pretendía montar taller vidriero, que fue cuando la conoció a ella, y prendado, le prometió las grandes riquezas que él haría con su secreto. No mucho tiempo duró el matrimonio, y aun el poco fue demasía, porque el vidriero establecióse en la casa con Jammara y poca intención se le veía de abrir taller ni negocio, pero sí le cogió afición a mangonear los dineros de la taberna, y se compró una esclava y luego otra, que lo servían a él y le hacían las veces de esposas, y Jammara seguía sin verlo trabajar pero engordando y viviendo en demasiada holganza, y le dio por pensar que ella ya se ganaba la vida por sí misma desde antes de conocello, y que por tal no lo necesitaba, pero que tampoco

Jammara 75

lo quería, y que haber metido en su casa a un holgazán en nada la beneficiaba a ella, cuando además con sus dineros ganados de sol a sol en su hana, él se compraba esposas, que eran más bocas que alimentar y a ella era lo que menos gracia le hacía de los modos árabes, que su bienamado Alá la perdonara, pero ese hombre tenía que salir de su hacienda.

Jammara obligó a su marido a acompañarla a casa del juez y allí expuso ante testigos que su deseo era separarse de ese hombre porque vivía a sus expensas y ya no cohabitaban maritalmente (ni ganas que ella tenía, pero como razón de queja, valía), a lo que el vidriero alegó que él se estaba haciendo cargo de la administración del negocio de la taberna, y que él exigía que el juez le ordenara a la mujer obediencia absoluta, y que volvieran juntos a casa y que nunca más le protestara. El juez miró a su ayudante el faquí, y le preguntó qué le parecía el caso, porque, aun sabiendo el juez de qué pie cojeaba el marido, no podía emitir sentencia tan rápidamente, so pena de descubrirse a sí mismo como cliente de la tabernera, que aunque lo eran todos en Elvira, a unos les estaba más disculpado que a otros, y si él tenía que castigar a los borrachos según dictaba la ley, no estaba bien que se descubriese tan a la ligera conocedor de lo que dentro de la taberna pasaba, por lo que el faquí, respetuoso con las precauciones adivinadas en su señor juez, pasó a describir lo que él con sus ojos había visto en la hana de Jammara, un día no viernes que por casualidad se había llegado paseando por la alameda, con un grupo de hombres sabios y fieles al Corán mientras discutíanse sobre asuntos de religión, y que era cómo el marido dormitaba medio borracho en un rincón del interior del establecimiento junto a dos mujeres jóvenes que reían entre ellas y cuchicheaban haciéndose arrumacos y otras caricias, y bebían de un jarro, alegrándose cada vez más y escandalizando porque el líquido goteábales desde la comisura de los labios, por el cuello y hacia más abajo, mientras la dueña Jammara, llenaba toneles con licores, repartía las copas, limpiaba las jarras, atendía clientes, preparaba comidas varias, guardaba los dineros, organizaba comensales, daba órdenes a dos sirvientas y a una cocinera y repartía platos y vasijas, todo ello sonriente y sin malos humores con los visitantes, y que por casualidad también, en otras ocasiones habíase visto el mismo panorama, y que era ampliamente comentado en la ciudad que el marido de la tabernera no alcanzaba ni de asomo la diligencia y laboriosidad della, por decirlo de forma prudente.

El juez tuvo bastante con el relato, y otras cosas más que él mismo conocía por sus ojos, y además le vino en cuenta dar favor a la tabernera, porque la alcabala que entregaba anualmente como impuesto por el derecho a vender vino, buena falta hacía al municipio y buena bolsada le suponía y, por otra parte, también convenía que ella estuviera contenta, para seguir callando nombres de árabes ilustres que eran asiduos de embriagueces y orgías y fiestas a deshora en su casa y en la chopera, y de otras indignidades no permitidas en el Corán que habían de tolerarse, porque más desorden podía causar prohibirlas, pero que transcurridas en la taberna parecíanse no transcurridas, y así todos en paz y contentos.

Como intuyera el vidriero que el juez inclinábase en favor de la mujer, arremetió diciendo que no la dejaría libre si no era a cambio de una indemnización, y así que el faquí consideró que se ajustaba a la ley, el juez le preguntó a Jammara qué bienes llevaba encima y ella contestó que había traído una ánfora llena de nabid, el vino que se prepara con dátiles de Levante, pero que ella sabía hacer y muy rico, con uvas frescas y aun con pasas. Y el juez determinó que esa ánfora sería el precio que el marido cobraría por separarse de la tabernera, y que las esclavas eran de propiedad della, y que podía darse por concluido el matrimonio. Entonces Jammara, mirando sonriente por su victoria al juez, le contestó que, pues esa ánfora de nabid pensaba ella regalársela al juez, sabedora de lo mucho que a él le gustaba ese sucedáneo del vino, quedaba en deuda con él y lo esperaba a no tardar mucho en su casa, donde le organizaría el agasajo que se merecía, como persona y como juez, y que ansí podría él mismo llevarse su ánfora de nabid, o bien de vino, si cambiaba de opinión. Fue entonces que Jammara ya se regresó soltera a la hana, donde siguió con su labor y recompuso el orden en el negocio y vio aumentada su servidumbre con dos esclavas que puso enseguida a trabajar en tareas tan necesarias como lavar y remendar las ropas, hacer y llevar y traer recados y otros mandados y de ayuda en la cocina, y sintióse más segura de cara al futuro, y, llegándose un día el juez a su establecimiento para aceptar el agasajo ofrecido, fue que ya nunca perdieron relación, siendo correspondientes amigos y haciéndose y devolviéndose favores.

Claro, que no pocos amigos hizo Jammara sirviendo vino, y no poco alabada fue en *rissalas* y casidas de poetas que se dejaban las melancolías y las penas de amores en los vasos.

Y más de bastantes veces la habían despertado con el rocío del alba los gritos de algún hambriento de consuelo y ella igual lo dejaba pasar y lo atendía, cubriéndose como podía, procurándole una compañía de corazón amable que escuchaba sus cuitas y una copa o dos de buen vino donde ahogarlas. Y era tal su consideración, que igual la apreciaban árabes que cristianos, ya que éstos tenían menos pudores todavía que aquéllos en beber, y aun la querían considerar como una dellos, por recordar que su abuela y su madre, y aun ella de muy chica, habían nacido cristianas, y como quiera que su taberna quedaba muy cerca de un convento de monjas, donde iban a parar doncellas de familias pudientes de la comarca, que era muy visitado por parientes y amigos y otros familiares y otras relaciones más licenciosas, igual entraban en ella los cristianos de paso y se unían a las algaradas con los árabes hasta bien entradas las noches. Toda su vida pensó, viéndolos beber, que en poco se diferenciaban unos y otros, y que en mucho los unía el vino, igualando grandezas y miserias y necesidades y aun idiomas, que borrachos, todos hablaban igual. Aunque también momentos menos lucidos tuvo de vez en cuando la tabernera, con los malos tragos de alguno que tenía el vino belicoso, pues sabido es que la embriaguez, al hombre proclive a la ternura lo ablanda y le suelta la lágrima, en cambio, al proclive a la amargura lo envalentona y le suelta la rabia, y hasta llegó a ver a uno que desenvainó su sable contra sus propios amigos en el transcurso de una discusión regada con vino, y tuvieron que llamar a los guardias, y al faquí, y llevarlo preso una noche como escarmiento y ponerle multa después, porque de vez en cuando había que recordar que el vino está prohibido en el Corán, alabado sea, aunque Alá lo tolere, por bien de los corazones, pero a condición de no llegar al extremo de causar desórdenes.

Además del vino común desas tierras, dorado como el sol, una variedad seco y otra afrutado que le procuraban labradores conocidos a buen precio, y de un vino fuerte y algo amargo que ella misma sacaba de las viñas de su finca, y además del nabid tan solicitado, que siempre vendió como de Oriente aunque los dátiles fuesen recogidos en Levante sólo por no traicionar las ilusiones de los clientes, Jammara consiguió hacerse traer vino dulce de Málaga, que alegraba el ánimo especialmente, y lo proclamaban medicinal, y también estableció contrata con el convento vecino para vender en su taberna el vino que se hacía en él. Pues, decíase Jammara, que había de aguzar el ingenio, ya que en Córdoba así se hacía aun teniendo el mercado de vinos de Samara, y que por más motivo tenía ella que aprender de sus tratos.

En la hana de Jammara, adornada con hojas de parra y embellecida con los colores naturales de las estaciones del año, se celebraban las fiestas particulares de las gentes de cualquier condición social de Elvira, los nacimientos, las bodas, las circuncisiones, los matrimonios y aun funerales, pero con el tiempo, y siendo ya Jammara lo suficientemente vieja como para necesitar compañía, se decidió a abrir su casa para celebrar de puertas afuera las dos fiestas más importantes de la religión islámica, que eran la fiesta del final del Ramadán que marcaba la ruptura del ayuno anual y que era de mucho interés comercial para ella, además del sentimental, porque los hombres de Elvira saciaban su sed contenida durante un mes como si hubiera sido la de todo el año, y en cuya celebración se embolsaba grandísimos beneficios en el espacio de noche que mediaba entre la última oración del último pasaje leído del Corán como conclusión del Ramadán y el alba del día siguiente, y la otra era la fiesta de los Sacrificios, donde había que cumplir con el antiguo rito árabe de sacrificar al menos un cordero, y en ella Jammara se permitía el lujo de compensar las ganacias anteriores, sacrificando varias piezas bien engordadas en nombre de familias humildes de Elvira que no podían permitírselo, y granjeándose así agradecimientos y amistades sinceras, adeptos, clientes y favores, aunque en esto lo que de verdad buscara fuera el calor y el afecto de la familia que nunca llegó a tener. Y en algunas noches que ella compartió mesa y copa con clientes amigos, solía decir que lo único que le diera su malhallado marido habían sido las primeras copas de cristal que trajérase de la corte, y que luego las había tenido a cientos, porque por fin se montó taller de vidrio en Elvira, pero no del marido, y además, aquéllas ya se habían roto, y que ella hubiera querido un hombre de verdad para amarlo y respetarlo y algún hijo para criar y que la quisiera en su vejez, pero así era la vida, y se echaba un buen trago confortador, y Alá es quien designa los destinos, y a ella le había tocado el de servir consuelos sabrosos al paladar y puentes para el olvido, ella, que tanto deso necesitaba, y que si así debía ser, pues que lo haría, en copa de plata y en copa de cristal, y entonces brindaban todos, con grandes choques y se bebían el vino y el olvido, hasta la última gota, y se animaban unos a otros y tiraban luego las copas.

Cuanto más vieja y más sabia se hacía, más vocacional era su trabajo, y más perfeccionaba el servicio prestado en su taberna, sabiendo que con ello honraba y cuidaba al espíritu y al corazón del hombre, por lo que, pensando en mejorar la hana, plantó en la parte alta de la chopera junto al pozo y a la alberca, un corredor de macizos siempre verdes y bienolientes y árboles de hoja perenne, y más allá hizo sembrar un jardín con higueras y almendros y cerezos y otros frutales para diversión de sus clientes que cogían sus frutos como entretenimiento y con gran alborozo, además de rosales de todas las clases, plantas trepadoras y arrayanes que rodeaban la parte del pabellón cubierto con toldos y preparado con asientos donde se bebía y se comía y se compartían las madrugadas, y lo completó todo con un palomar sobre una pequeña torre que se convirtió casi en un emblema de la casa, y el zureo de las palomas se hizo familiar e imprescindible. Incluyó entre las atenciones del establecimiento una pequeña orquesta de cinco mujeres músicas que manejaban un tamboril, una mandolina, una chirimía, una trompa y una pandereta, porque, entre las muchas cosas que cristianos y árabes intercambiaban a pesar de las diferencias políticas, estaban el gusto por los placeres y por las cosas paganas, y la música resultaba embriagadora como el vino, sólo que no nubla el entendimiento, y era también mágica y aun religiosa, y poco a poco lo estricto de la ley coránica se iba abriendo a permitirla. La orquesta femenina ayudó a que el otoño de aquel año 307 de la Hégira los nobles ricos de Elvira celebrasen la fiesta de la vendimia en la casa de Jammara. Se establecieron todos ellos con sus familias varios días en un improvisado campamento que se montó con tiendas y literas y palanquines en la chopera y vestidos con sus mejores galas, y entregáronse a la música y al baile, y a la bebida y a comer las tortas de queso blanco, los buñuelos, las sopas y los platos de aves en sazón, los pasteles de nueces, las pastas de miel y de pistachos y de avellanas, y todas las variedades culinarias que Jammara tuvo a bien ordenar elaborar a su cocinera. Fue en esa fiesta donde se enteró que pretendían los nobles ziríes construir una gran ciudad, al estilo de Córdoba y de la que se intuía iba a ser como Sevilla, y que embellecerían los alrededores con jardines, y estanques, y palacios, y que la rodearían con una gran muralla y que estaría repleta de monumentos importantes, para designarla la capital zirí por excelencia, y que era en la Torre Bermeja del recinto de la ciudadela de Elvira donde planeaban construir un grandísimo palacio que perduraría por mil años y que, en menos de cuarenta, esa nueva ciudad que querían llamar Granada, oscurecería a Elvira, que ya empezaba a decaer y no terminaba de cuajar como ciudad exquisita de Al-Ándalus.

Mucho tiempo era eso para ella, pensó Jammara, que dejábase deslizar muy a menudo por las delicias de la melancolía, y más ahora, sabedora del poco tiempo que debía quedar para sus huesos, ya tan cansados, y se dijo que no llegaría a ver semejante maravilla, y un aire frío le entró por el costado y tuvo que levantarse y entrar en sus habitaciones a por un chal, porque el otoño venía ventolero o es que ya estaba nublada por el vino, o es que era esa angustia rara que estos últimos días se le venía al pecho sin aviso.

Fue en la noche del día siguiente cuando Jammara tuvo un extraño sueño, un extraordinario palacio se levantaba entre jardines abarcando el espacio entre el río Darro y el Genil, con arcos, y puertas, y hermosos adornos, y más allá casas, y plazas, y todo de gran belleza y ella se alegraba en el sueño y buscaba su taberna, que tenía que estar allí, muy cerca de ese palacio... y miraba, y vuelta a mirar, hasta que descubrió en uno de los más bellos jardines junto al Genil que pertenecían al impresionante palacio de mármoles rosas y marfiles y filigranas de oro, descubrió el palomar de su taberna, con las palomas igual, volando, entrando, saliendo, y el zureo inconfundible, sólo que en lugar de la taberna había una mezquita de maravillosa factura, con cinco naves y un patio alrededor pavimentado con mármol rojo como el vino y una fuente interior de exquisita presencia, cuyo fluir continuo, cayendo de nuevo sobre los platos de mármol del color de la luna, producían un sonido de honda abertura, como el del líquido amable cuando pasa por el gaznate, un sonido que era como su nombre, Jammara... La mujer despertó de un salto y salió al patio de la casa para ver la luna, vieja compañera, aunque ya no tuviera menstruaciones que ofrecerle, pero esa noche no había luna, y Jammara supo que algo iba a ocurrir. Al otro día recibió noticia de las revueltas que asolaban Sevilla por los conflictos entre facciones de hijos de árabes conversos y los árabes viejos, los que se decían a sí mismos conquistadores, y se negaban a que los antiguos cristianos sólo por declararse árabes pudieran conservar privilegios y propiedades que a ellos, como dueños de la tierra doblegada, les correspondían, y las revueltas se estaban extendiendo y llegaban a Elvira, por lo que Jammara ordenó sacar los mejores líquidos de su bodega, y prepararse a reconciliar los ánimos, como tantas otras veces, gracias al vino. En pocos días llegaron los ecos de las guerrillas y emboscadas que a Jammara se le antojaban peleas de hermanos, pero por ello justamente, de más difícil acuerdo, y un atardecer extraño en que ya tendría que hacer frío pero que estaba tan quieto que daba miedo, y corría una brisa queda y cálida como de otro mundo, vio Jammara acercarse unos estandartes palpitando en el horizonte y caballos de buena raza y hombres con sables y lanzas y flechas, y un redoblar de tambores que le anunciaba el fin. Mandó a las sirvientas que se escondieran en las bodegas hasta que todo pasase, y ordenó a los hombres que tuviesen valor para ello que se quedasen en pie con ella, y por el otro lado llegaron los del otro bando, con escudos y banderas y tambores y lanzas de hierro, y le pareció todo tan absurdo a Jammara, que pensó que otra muerte hubiera querido ella, pero que si Alá no le había dado hijos ni familia, sí le había dado una buena vida y amigos, y una tierra a la que amaba con todo su corazón y, pues así estaba escrito, a la tierra devolvería lo prestado con la misma bravura con que habíala vivido, y alzó sus brazos y colocóse en medio de los dos bandos que venían allí a encontrarse, gritando que pararan la lucha, que ninguna guerra es buena, que el sol brilla igual para todos y Alá también es el mismo, que ella sabía que los hombres en poco se diferencian, y que ella misma era ejemplo de árabe viejo y árabe nuevo, y que los invitaba a vino y carne de membrillo hasta que se vaciasen las tinajas y los aljibes y los toneles, y sintió Jammara que un pájaro atravesaba su alma y creyó que todavía soñaba, pues se vio fluir del pecho un rojo líquido, hermoso como el vino que llaman negro, y se dejó abandonar por aquella brisa calma y cálida que le olía a su madre y le traía lejanas melancolías, y sólo le pidió a Alá que todo mal se acabara con su muerte.

Sentidos funerales se hicieron por Jammara, aunque tardasen algunos días hasta quedar solventados los conflictos entre árabes y muladíes, y nadie abrió de nuevo la taberna de Jammara, que no dejaba herederos y sí demasiados recuerdos, y, como las tierras pasaran entonces a ser administradas por el hijo sucesor del juez que había sido amigo della, y que era además noble zirí cuyo linaje tenía pretensiones para el futuro, por ahí y en ellas empezaron a construir la nueva ciudad de Granada y el fastuoso palacio que se llamaría de La Alhambra.

FLORIA

Sahagún (León)
Era 1026. Año vulgar de 988

Floria, la dueña de la taberna llamada La Peregrina, situada en la ribera del Cea, en los aledaños de Sahagún, echaba una última mirada a lo que fue su casa, ahora destruida por Almanzor, quemada y reducida a los cimientos. ¡Peste de moro! Se decía que no iba a mirar más, que no iba a lamentarse más, que nada ganaba con ello, y daba unos pasos camino de Burgos, tornaba, daba otros hacia León y regresaba porque no podía decidirse a abandonar lo que fue suyo –pena muy honda se lo impedía–, pero, el caso es que debía marchar, que el rey Bermudo II, antes de refugiarse en Galicia, había ordenado desalojar todas las poblaciones del reino y sus arrabales porque el sarraceno atacaba la Hispania cristiana por los cuatro puntos cardinales, dejando la tierra quemada y a los hombres y a las mujeres muertos donde los encontrare.

La tabernera miraba ora hacia Sahagún, donde todavía humeaba el monasterio de San Facundo y San Primitivo, ora a los despojos de su casa, alzaba los ojos al cielo y maldecía: «¡Peste de moro!», pero ni una lágrima salía de sus ojos. No obstante, andaba descompuesta, ¿qué había sido de su oro? ¿Quién se lo había llevado, el musulmán o sus criadas? ¿Adónde se encaminaba, a León o al reino de Navarra? Lo mismo le daba... Había escapado con vida y, ¿para qué, qué hacía con su vida? Además, iba en bragas, como quien dice, en bragas. Se tapaba con un sayal color pardo, el de faena, y bajo él las bragas, no tenía nada más, los moros le habían quitado todo. Y daba vueltas a la desolación, y aquí levantaba un madero, y allá otro, y allá se quema-

84 *Las taberneras*

ba con un rescoldo, y el oro que había guardado, no aparecía.

Y es que había enviado por delante a toda la gente de su casa, a criadas y esclavas, para quedarse sola y desenterrar del hoyo que había practicado en la arboleda, aledaña a su casa, el saquete de oro de buena ley que había juntado, dinero a dinero, joya a joya, desde que abrió su establecimiento, para salir corriendo, pero le falló el cálculo. De pronto, oyó la algara, las flautas, los tambores y el galopar de los caballos que anunciaban el combate, se encomendó al Criador, se introdujo en el aljibe, en un entrante oculto, y allí estuvo tres días completos, temblando de miedo, temiendo por su vida y por su oro, quieta, sin cantearse, sin comer ni beber, orinando lentamente en el agua de beber para que no la oyera la tropa musulmana que se comió y se bebió todo lo que tenía, quemó su casa y se le llevó el ajuar, las cosas buenas y las malas. Y del oro nada, pues lo buscó y lo buscó incluso antes de empezar a lamentarse, sin hallar ni rastro, ¡peste de moro!

Y, vaya, mientras Floria contemplaba la devastación del caserío de Sahagún y de su hacienda, se estrujaba el cerebro preguntándose quién sería el ladrón del oro y, tras mucho pensar y discurrir, en su seso o fuera de seso, dedujo que había sido el Criador el que le había arrebatado el preciado metal por obra de un moro de larga mano, para salvarla o para enloquecerla, puesto que Dios hace cosas contradictorias con sus criaturas. No obstante, pese a que tenía su vida, un sayal y unas bragas, se dejó llevar por el temor de Dios que todos los hombres llevan en su corazón y sonrió al cielo dándole las gracias al Hacedor de esta guisa: «Muchas gracias, Señor de todo lo visible y lo invisible». Pero lo hizo sin fe, sin esperanza, sin gana e incluso dudó para qué lo hacía, pues se encontraba en un mal momento, no sabía qué hacer con su vida, y hasta, a ratos, dudaba si pecar de impiedad y quitársela para acabar con tanto dolor, Dios la perdone, aunque se fuera derecha al Infierno. Pero, como le vinieron temblores, respiró con fatiga y se asustó mucho, por si acaso, pues quién sabe, decidió amigarse con Dios, por eso entendió o inventó, en su sesera, que el Señor le mandaba personarse en Compostela y ganar la indulgencia para que sus muchos pecados fueran perdonados.

Floria   85

En efecto, debía ir a Santiago de Galicia pues había infringido
múltiples veces la Ley de Dios y la de los hombres que, pese a
no estar escrita, es sobradamente conocida por todos los nacidos
pues los padres la dicen a los hijos y cometido delito con reinci-
dencia. El Señor la castigaba quitándole el oro y le recordaba su
turbio pasado antes de llamarla para que abandonara este mundo. Tal discurrió o imaginó, Floria, en cuanto se fue el ejército
enemigo y le fue posible abandonar el aljibe, desentumecer sus
huesos y descubrir que su oro había desaparecido.

Ya resignada a la pérdida del precioso metal, Floria se arrepin-
tió de tanta maldad que cometiera durante los treinta años en
que ejerció el oficio de tabernera. Pues nunca lo había hecho, ni
de lejos, ni le pasó por mientes hasta que estuvo quieta, quieta,
en el entrante del aljibe, cuando se puso a pensar, entre rezo y
rezo. ¡Quiá, maldad, pecado, un grande pecado! ¿Pues no había
bautizado su vino, ya fuera albillo, doncel, de lágrima o arropa-
do, no le había echado sosa y cal para espesarlo? Y más, y más,
además, había cambiado dinero a la mitad de su valor; había
vendido cirios hechos de grasa de cabra como si fueran de la
mejor cera; había tenido en su casa putas sabidas durante una
larga temporada hasta que doña Elvira, la regente del reino de
León, lo prohibió y envió soldados y prestes por toda la ruta
de Compostela con el mandado de que se cerraran los burdeles;
y, además, había robado a los peregrinos mientras dormían.

Floria, temblona, no sabía si por el enojo que le causaba la
pérdida del oro o porque acababa de arrepentirse y no encontraba sosiego, levantaba la vista al cielo y, como si hablara con el
Señor, gritaba en su descargo que no siempre actuó mal, que no
siempre fue pecadora... que, aunque había robado de mil maneras, luego, cuando se retiró doña Elvira, la regente, a su convento y fueron toleradas las casas de solaz otra vez, ella, que había cerrado la suya, continuó sólo con la taberna abierta, no
quiso nada con hembras del común a muchos, por los problemas que le ocasionaban pues eran mujeres bulleras que siempre
andaban peleando entre ellas.

Y, en esta guisa, se lamentaba: «¡Ah, ah!», y se arrancaba los cabellos, alborotando la vereda y el lugar de Sahagún, llamando a

86   *Las taberneras*

Dios para que fuera a ayudarla. Y en esto observó que un hombre, vestido de ropas talares, venía por el camino de la parte de León, derecho hacia ella. Naturalmente, contuvo su lengua, se cobijó entre las ruinas y esperó. De tanto en tanto alzaba la cabeza para contemplar al sujeto, pero había de entornar mucho los ojos porque la imagen del hombre le iba y le venía, es más, le daba la sensación de que por momentos le desaparecía de la vista, tal vez la visión fuera negocio de su mente puesto que no era de razón que viera y no viera lo que tenía al alcance de los ojos: un hombre que andaba a paso rápido, alta la cabeza, fija la mirada en el horizonte, que no llevaba equipaje, al parecer, ni esportilla ni bordón como traían los peregrinos, que no era peregrino, vaya, ni moro, a Dios gracias, sino una criatura espléndida ataviada de blanco purísimo, bella como las estrellas del cielo. Así lo contempló hermoso como la luz del sol, cuando el hombre, era varón porque carecía de bultos femeninos en el pecho, recorrió la vera de la casa pasando muy cerca de ella, tan cerca que lo observó a sus anchas, perfectamente, y quedóse anonadada.

Y había de tomar una determinación rápida, si llamaba al hombre o le dejaba continuar su camino, si lo seguía o si se quedaba agazapada donde estaba, y no sabía qué hacer, pues, aunque el caminante no parecía peligroso podía llegar a serlo. Una mujer en un paraje solitario resulta siempre un bocado tentador para los incontinentes, que son multitud, cierto que ella era vieja ya, pero a falta de fémina joven se toma la vieja mejor que nada, ¿o no? Bueno, lo seguiría de lejos.

El hombre se entró en Sahagún, ah, que sería algún vecino, algún monje del monasterio que regresaba a su casa, y se encaminaba al convento. Floria lo seguía a cierta distancia, escondiéndose detrás de los árboles por si el caminante volvía la cabeza, pero el sujeto no miraba atrás, sabía a lo que iba, pues se puso a revolver en el suelo de la pequeña iglesia ayudándose de pies y manos, a separar los tablones, a limpiar la renegrida losa, y Dios, Santo Dios, que no se manchaba sus ropas inmaculadas, que trabajaba con frenesí, con la fuerza de diez hombres, que, en esto, la tabernera quiso verle volar, que el sujeto saltó al aire, pero no

Floria   87

saltó, voló, que lo vio Floria, y apartó un madero colgante que amenazaba con caerse del techo, y ya se aplicó en el suelo buscando las tumbas de los santos mártires de Sahagún, que asesinaran los romanos.

La tabernera no pudo moverse durante un tiempo, atónita, observaba la labor de aquel hombre que levantaba pesadas losas sepulcrales, las que habían respetado los moros que abrieron también las santas tumbas en busca de botín, y se maravillaba de lo que veía, puesto que el hombre o ser sobrenatural, sobrenatural había de ser, saltaba y saltaba, es decir, volaba sin esfuerzo, como si el hecho de volar fuera connatural a su persona, como si fuera Dios, vaya.

Y claro que era Dios, ¿quién había de ser si no? Además, ¿no lo había llamado Floria, no le había hablado como si lo tuviera delante de ella? Pues había venido. ¿Qué otra cosa podía hacer el Señor con una cristiana que se había arrepentido de sus pecados y que estaba dispuesta a personarse en Compostela para conseguir las perdonanzas?

A la tabernera no le cupo duda ninguna de que el sujeto que tenía ante sus ojos era el Criador. A ver, era hermoso como las estrellas, tenía la fuerza de diez hombres, no se manchaba sus blanquísimos avíos y, lo nunca visto, volaba… ¡Era don Jesucristo! Que, primero, atendía a los santos mártires y, luego, se ocuparía de ella, y le hablaría mismamente como hizo con santa María Magdalena, otra pecadora arrepentida.

Floria se restregó los ojos con furor, cuando se le retiró el nublado no vio nada, no vio a Dios, o a quien fuere, en el suelo ni en el aire, hasta que, ah, tornó a verlo, que estaba escarbando entre las piedras, que no lo había visto, vaya. Se holgó tanto de que el ser volador estuviera presente que no pudo contener una exclamación y gritó: «¡Ah!», y, aunque se tapó la boca casi al unísono, le resultó imposible enmendar su necedad.

Y claro, Dios o el hombre, o quien fuere, se volvió y la vio. El sujeto la miró pero no cambió de acción. Volaba y continuó volando, como hacen las aves de Dios, y no se sorprendió del grito de la mujer ni se asustó, pues en tal caso, quizás, hubiera podido abandonar la horizontal, perderse en el ancho cielo o precipitarse de pechos en el suelo, eso sí luego avanzó lentamente hacia la tabernera, se posó en la rama de un árbol, encima de ella, y empezó a juguetear con las hojas.

A Floria le palpitó muy fuerte el corazón, cayó de rodillas y, durante mucho tiempo, fue incapaz de aunar sus pensamientos que corrieron locos tratando de dirimir si el sujeto del árbol era Dios o un ángel o un diablo o acaso la Muerte. Porque el Señor de todo lo visible e invisible no era, no, pues, ¿no le acababa de arrojar un manojo de hojas a la cabeza y ella sin atreverse a levantarla? De ser Dios sería una persona, persona no, un ser, serio y grave de lo más, ¿o no...? La Muerte tampoco era, pues no llevaba guadaña ni era un esqueleto... Acaso fuera un ángel o un diablo niño... ¡Ah, que lo estaba fabulando todo! ¿Acaso no había demostrado imaginación suficiente para inventar esa historia de Dios que estaba presenciando, y otras semejas mientras ejerció el duro oficio de tabernera? ¿No había contado y oído miles de cuentos en La Peregrina, millares de mentiras? Y ¿ella y sus huéspedes no habían vivido los cuentos, es decir, las mentironas o mentirijillas que relataban unos y otros como si fueran sucesos verdaderos, y llorado y penado y reído de los bulos y fábulas? Pues eso, estaba imaginando lo del ser volador, que no era ave ni mosca, y allí, sobre su cabeza, en las ramas del árbol no había nadie y en la iglesia tampoco nadie había surcado los aires. Lo estaba imaginando todo... ¿Imaginando? Y, ¿las ramas y las bellotas que el ser sobrenatural le arrojaba, una lluvia de hojas, ramas y frutos del árbol?

Que ya empezaba a colmarse la paciencia de Floria, que Floria era mujer brava, cómo si no hubiera podido regentar con éxito una taberna en el camino de Compostela, que sacaba el mal genio cuando era menester, ah, que necesitaba un trago de vino para encararse con el hombre, o lo que fuera, con el del árbol, ah, que no tenía vino ni orujo ni sidra que llevarse al gaznate. Ah, que había de sobreponerse, alzar la cabeza y hablar con el ser sobrenatural que no cesaba de incomodarla con su lluvia de bellotas...

Floria levantó la cabeza y quiso la mala fortuna que una bellota le diera en el ojo, lastimándoselo, pero no se achantó. Pre-

Floria   89

guntó al sujeto que veía sentado en una rama: «¿Quién eres?».
Y siguió: «¿Qué has venido a hacer a Sahagún? ¿Qué quieres? Te
he visto volar... Oye, ¿eres Dios? Si me llevas contigo te prepa-
raré —y ponía voz melosa, sacando sus artes de tabernera, como
cuando recitaba a los peregrinos lo que tenía para comer—, te
regalaré con una opípara comida, te serviré grandes soparios con
caldo de ajo, pan, berza, nabos y tropezones de cecina y de to-
cino; fabada con morcilla; anchas bandejas con truchas del Val-
deragüey y barbos del Cea; cuencos con lomo adobado, perdiz
en escudilla, cordero asado, y para postre, natillas... Todo ello
sin escatimar y regado con vino que mando comprar en Cova-
rrubias, con vino negro de esta tierra, ambos sin cristianar por
un día, y con sidra. Comeremos los dos y las sobras las echare-
mos a los perros».

La dueña volvió a repetir los platos que le serviría, como tentando a la extraña criatura con ellos, como si el Hacedor, el
ángel o el diablo, pudiera tener hambre, como si el ser sobrenatural fuera a comer una escudilla de perdiz encebollada cuando,
además, no había allí nada, ni perros había, e, insensata, continuó mucho tiempo, con riesgo de su vida, pues gritaba mucho
y podía presentarse el sarraceno otra vez, sin avisar, y terminó
diciéndole: «Mira, Dios, que te aderezo una gran mesa, saco mi
mejor loza, la roja, busco en el arca las manutergas, esos lien-
zos que sirven para limpiarse las manos y los labios cuando se
come, que no se ven en las casas, pongo velas y, luego, platos va-
cíos para los santos mártires de Sahagún aquellos que trajo el río
Cea y que fueron asesinados por los romanos, los siete hermanos de Facundo y Primitivo, santos todos e hijos de santo y de
santa, los que fueron quemados dos veces, arrancados sus ojos,
sometidos a mil horrores y arrojados al río. Los que hace tres
días, descansaban en paz en el convento, que, hoy, no lo sé. Te
gustará comer con ellos...».

El ser sobrenatural, Dios, o quien fuere, un ángel tal vez, no
respondió a la tabernera.

A Floria no le cupo duda de que era un ser de otro mundo,
entornó los ojos, lo miró con estupor y observó que llevaba algo
en la mano y que se disponía a marchar, pues se arreglaba las

90 *Las taberneras*

vestes y miraba al cielo. En esto le pareció que el ser sobrenatural llevaba uno de sus saquetes de oro entre las manos, y no le extrañó que el talego hubiera ido a dar a aquella parte del convento de los frailes, pues estaba viendo y viviendo, o imaginando, cosas de otro mundo, tantas que no se le hizo raro, y le palpitó el corazón fuertemente, y su oro, o lo que llevara el ser volador la llamó quizás, o todo lo inventó, a saber, el caso es que, cuando el ser sobrenatural se echó a volar, la tabernera corrió hacia él, hacia el personaje existente o inexistente, como alocada, como si la impeliera un viento detrás de él a la carrera, sin tiempo de mirar lo que había en el suelo, con el corazón arrebatado…

Y que el misterioso sujeto se detuvo, pues la vio venir y la miró a los ojos y, Señor, Señor, le enseñó el saquillo de los dineros, y ella, Floria, fue a arrancárselo de las manos, pues lo quería y, corriendo ciega, tropezó con alguna piedra, o fue el ser sobrenatural que le impidió llegar hasta él, el caso es que se dio de bruces con un madero, quedando muerta al instante.

Sucediera lo que le sucediera, imaginara Floria o viera lo que realmente hubo, las gentes que volvieron para levantar la población de Sahagún no llegaron a saber nada de su aventura, ni conocieron que estuvo Dios o un ángel o un hombre cualquiera en el monasterio de San Facundo y San Primitivo en aquellos días del moro Almanzor revolviendo entre las ruinas, buscando alguna cosa. Cuando llegaron, el cadáver de la tabernera estaba irreconocible, los vecinos la enterraron sin más, en una fosa común con otros muertos y, como hicieron con los demás, le rezaron varios responsos.

LAS MENESTRALAS

Mu'mina Bint Ahmad

Joyera
Sevilla. Año 434 de la Hégira

Ah, si su padre Yusuf Abu Abd Ahmad, hijo primogénito del hijo del fundador de la kunya omeya de los Abd Ahmad, que Alá siempre guarde, si su amado padre que tanto deseó para ella una vida fácil y regalada, la viese ahora. Ah, la vida es dura para la mujer, siempre a las órdenes de los miembros varones de la familia, pero más puede serlo si éstos faltan. Y si no, que se lo dijeran a ella, que, nacida de noble cuna, de familia emparentada con Al-Mustain Sulayman Al-Hakam, señor de Córdoba y de Sevilla, y educada con esmero en las cuestiones femeninas y aun en otros conocimientos que se reservaban al hombre, había tenido que buscarse acomodo y ganarse la vida como bien pudo, cuando no le quedaron varones de su kunya que velasen por ella, Alá los haya perdonado.

Mal año, aquel 414 de la Hégira, en que Alá todopoderoso trájole su infortunio. Los cordobeses primero, y los sevillanos después, habíanse sublevado contra el señor Al-Mustain, cayendo en desgracia las familias afines a su mandato. Los bienes de su padre, otrora querido y respetado y muy recordado, habían sido confiscados por el nuevo gobierno de Sevilla, sus hermanos desterrados con su descendencia y su esposo encarcelado.

Loado sea Alá, ya habían pasado veinte años de aquello, pero a Mu'mina seguía doliéndole en el alma, porque siempre pensó que su destino tenía que haber sido otro. Su esposo no salió nunca de prisión; no volvió a saber de él, y ella en vano reclamó sus posesiones frente al nuevo gobernador, Ben Abbad, que no quiso reconocerle título ni linaje, ni le devolvió las propiedades

94   *Las menestralas*

y los dineros retenidos, ni le permitió siquiera entrar en su propia casa a recoger alguna cosa. Mu'mina tenía diecisiete años y dos hijos, un zagalillo de dos años pegado a sus piernas y una niña de pecho que llevaba en un hato colgado por delante de la cintura. Ah, de dónde sacó ella fuerzas para salir adelante, ay, Alá que todo lo sabe, podría explicarle a ella cómo no se tiró al río, su hermoso Guadalquivir, que tantos desesperados había acogido en tiempos de guerras y rebeliones, cómo no puso fin a su vida, en ese momento en que se le venía encima el terror al hambre y a la soledad, y esos dos hijos suyos, que ninguna culpa tenían... ay, Alá siempre presente, sabrá por qué se le ocurrió a ella acudir, en buena hora que acudió, al taller de un orfebre que le había trabajado a su padre, y el buen hombre, que Alá tenga en su regazo se apiadó de la muchacha y de los niños y les dió cobijo en su casa y durante un tiempo mantúvolo en secreto hasta que todo se hubo calmado, y fue así que ella, viendo trabajar al viejo y a su mujer, fue así que aprendió poco a poco el oficio y les empezó a ayudar en agradecimiento y compensación por su buen trato, y ya no marchó de aquella casa pues no tenía otra donde ir y el matrimonio, que no tenía hijos, se había encariñado con los suyos, y al cabo, Alá lo querría así. Mu'mina trabajaba rápido y bien, y aunque a veces lloraba en silencio recordando los tiempos de su infancia, enseguida se alegraba porque su suerte podía haber sido peor, y sus hijos le vivían los dos, y comían todos los días y crecían bien, y luego se sonreía de pensar que esas manos suyas que habían aprendido las artes del bordado y de la caligrafía y que habían tañido una cítara y que habían cortado flores, que esas manos suyas eran hábiles y veloces y poseían gran destreza para el oficio de la orfebrería, quién se lo iba a decir a ella, pues si hasta empezaba a gustarle ese trabajo.

Decidió acatar su suerte y olvidar el pasado, pues no era la primera persona de alcurnia que tenía que ponerse a trabajar para vivir, ya que había hijos de políticos destituidos que veíanse sumidos en la misma adversa oscuridad e igual se metían a aprendices de oficios. Fueron transcurridos doce años desde su llegada al taller del joyero cuando le vinieron al encuentro los recuerdos. Leyó un oficio público donde se reconocían las muertes de varias decenas de hombres encarcelados de antiguo, en cuya lista se hallaba el nombre de su esposo. Mu'mina había ocultado su kunya todo ese tiempo, convirtiéndose en una artesana del pueblo llano y nadie parecía recordar que sus hijos habían tenido padre, por lo que, sabiéndose ya oficialmente viuda y no cambiando en nada su situación, siguió callando y a nadie reveló esa circunstancia, que sólo podía remover viejas querellas, ahora que por fin, nombrado califa Hixam Al-Muayyad, parecía que se restablecía la situación política y renacía la paz. La dueña de la casa había muerto, bendita sea; el maestro joyero había depositado en Mu'mina su confianza y ella era una buena operaria. Los encargos más especiales y las piezas más difíciles, sólo eran dirigidos por ella. A los trabajos más comunes como el fundido de metales ordinarios para hacer las bandejas y las copas, o el plateado del cobre de los vasos, sumó la fabricación de piezas ornamentales en oro y plata con repujados y filigranas tan delicadas que pronto hicieron famoso el nombre del anciano orfebre, y también el empleo de otras técnicas avanzadas como el sobredorado de la plata, el pulimento especial de las doraduras con hematites y más diversas maneras de trabajar los metales preciosos.

Mu'mina guardaba entre sus recuerdos preferidos la peregrinación a los lugares santos de Arabia, que realizó con su familia, cuando ella contaba apenas doce años de edad. Había supuesto una larga ausencia y un viaje peligroso, pero, como obligación fundamental para los musulmanes, su padre había decidido visitar el sepulcro del Profeta y que sus hijos lo hiciesen también, para ganarse el favor del Profeta y de Alá, el único Dios, y porque también era un signo de distinción social entre los nobles del momento, que denotaba una situación económica desahogada.

Tuvieron que atravesar toda la cuenca mediterránea, por tierra y por mar, hasta llegar a Oriente, y a pesar de lo dificultoso del tránsito, lograron cumplir en los lugares mismos los ritos sagrados, y conocieron sabios y maestros orientales, visitaron bellísimas ciudades, santas y otras, atravesaron regiones llenas de

96 *Las menestralas*

misterio y fueron recibidos a la vuelta de La Meca con honores de embajadores, pues el padre había aprovechado para establecer diversas relaciones económicas y comerciales que le proporcionaron cierta posición de ventaja. Fuera del orgullo de vanagloriarse por su peregrinación a La Meca delante de las muchachas de otras familias nobles de su entorno, Mu'mina no recibió de aquel viaje otro privilegio, ni sintió que su persona se hallaba más cerca del cielo. En cambio, su padre hacía gala dello y, junto a su dote, fue un valor añadido a la hora de encontrar esposo. Ah, qué buen mozo era su esposo, qué bien lo eligió su padre entre los pretendientes de las familias afines, qué hermoso pelo cobrizo tenía, abundante y ensortijado, y aquella sonrisa de gacela, y aquellos ojos verdes, penetrantes, destellantes como las esmeraldas que ahora manejaba tan diestramente entre los dedos. Loado sea Alá, le había prometido protegerla y amarla siempre, qué pudo pasarle, si parecía que nada en el mundo pudiera hacerle daño; no, no quería pensar, esa cabeza suya no la dejaba en paz, pero, hubiera deseado tanto saber si le dedicó a ella su último suspiro, ah, que Alá lo haya guardado por siempre, y a ella, a ella que le apartara de la mente ideas que le emponzoñaban el ánimo y le entristecían el corazón.

Ahora miraba a su hija ya mocita y con la misma edad que ella tenía cuando fue a Tierra Santa, y le contaba otra vez el viaje, casi con cada luna se lo contaba todo otra vez, las dificultades que había superado toda su familia, los peligros, los detalles de una ruta llena de lugares exóticos y hermosos donde había visto las telas y los muebles y las joyas y los adornos más fascinantes y bellos que nunca pueda alguien imaginar y que ella tan acertadamente reproducía en ciertos trabajos de encargo, y reflexionaba Mu'mina en que su hija no tenía más familia que ella y el hermano, y que éste, pronto se marcharía, pues quería conquistar propiedades al servicio de algún señor de las ciudades de Al-Ándalus, y que no había conocido más padre que el viejo artesano, que, fuera de permitirle leer sus libros de astrología y de piedras preciosas y de ciencias de la alquimia y de mezclas de los metales, no tenía influencias para encontrarle un buen esposo, ni para darle formación de muchacha noble. Suspiró de nuevo, como siempre lo hacía, con un resoplo que le salía del corazón, y sacudió la cabeza, ah, para qué preocuparse de lo que no tiene remedio, las vueltas que da la vida, mira yo, sin poder imaginarme por dónde iban a salirme las cosas, pues igual puede pasarle a mi niña, que la suerte es caprichosa y no le gusta que le adivinen la intención. Había seguido engarzando los últimos detalles de una caja de marfil destinada a guardar joyas, que tenía los soportes y terminaciones en oro e iba encofrada en una exquisita aleación de oro y plata. Ah, pasaban por sus manos tan bellos objetos para el placer, estuches, tallas, arquetas, brazaletes, collares, anillos, copas, fruteros, objetos que tenían que haber sido suyos pero que entregaba a otros, respetuosa y perfectamente acabados con piedras preciosas que vivificaban el objeto, sin un asomo de resistencia. Ah, ese pobre esposo suyo, tan bello y tan noble, qué corta vida la suya, y qué sola la había dejado a ella, y qué desamparada, y la familia venida abajo, y él muerto, loado sea Alá, que rige los destinos de los hombres.

Desechando estos y otros muchos pensamientos, habían pasado otros ocho años. Su hija ya tenía veinte, ya era una mujer de ojos grandes con un hermoso cabello rojizo que la hacía muy deseable, pero ella no ansiaba hombre alguno. Vivía entregada al lenguaje de las piedras preciosas y a la experimentación con los metales. Corría el año 434 de Alá, y no terminaba de haber paz; paz, lo único que deseaban las gentes sencillas, vivir en paz en la tan bella Sevilla, y que quizá por ser tan bella, disputábansela los señores principales.

El hijo de Mu'mina había muerto en una de las últimas revueltas, cuando el señor de Granada había venido a atacar Sevilla porque la ambicionaba y el gobernador Ismail ben Abbad había salido para hacerle frente, y los ejércitos volvieron derrotados, con muchos muertos, el propio gobernador había caído, sí, pero su hijo también, y ella, que había visto tanto, ya no sabía qué más podía quedarle por ver, otro dolor más condenado al destierro de su pensamiento, otra herida que tendría que soportar, obligando al corazón a olvidarla.

El joyero, que era viejo y sabio, dejó en manos de Mu'mina la dirección del negocio. A cambio de alimento y cobijo la había

98   *Las menestralas*

metido en su casa, veinte años atrás, y ahora, a cambio de cuidados y cariño en su vejez, le había pedido que ya nunca se marchara. Mu'mina nombró dos oficiales, contrató varios aprendices más, montó escuela de orfebrería, amplió los hornos para la aleación de metales, hizo reformas, renovó las instalaciones, puso comercio de puertas abiertas en el patio de la casa y afianzó los contactos con los proveedores de piedras preciosas, que le aseguraban los mejores jacintos rojos de Málaga, el lapislázuli más puro y el cristal de roca de Lorca, los hematites de las montañas de Córdoba, las marcasitas de Úbeda, las perlas de Barcelona y los granates, tan solicitados, de las cercanías de Lisboa, además de introducirse en la relación con ciertos importadores de prestigio que le facilitaron las cornalinas y las esmeraldas, los crisolitos y turquesas y aguamarinas, las piedras más caras, que al ser incorporadas al taller, le atrajeron clientela noble que buscaba distinguirse con muestras de su poderío económico.

Todavía no llevaba un año el nuevo rey de Sevilla, Al-Mutadid, y el taller casi no podía abarcar tanto trabajo, pues el nuevo señor era gran amante de las exquisiteces y el taller de Mu'mina era uno de los más prestigiosos de toda Sevilla.

Poner tienda en el patio de la casa fue todo un acierto, porque la clientela podía ver y tocar lo que quería comprar sin necesidad de encargarlo, y aun los que entraban sin intención de compra, se marchaban con algo que Mu'mina y su hija le habían vendido, pues todo lo expuesto era bello y apetitoso para la vista, y las dos mujeres eran simpáticas y alegres y expertas en el oficio y sabían explicar gratamente los detalles de la fabricación de los objetos que vendían, y el origen de las piezas, y otros detalles que gustaban mucho a los clientes, porque se marchaban siempre convencidos de que lo que se llevaban era único y especial.

A Mu'mina le gustó mucho más estar en el ambiente exterior del negocio que dentro en el taller, por lo que tuvo la idea de prepararse un mostrador de trabajo, donde los interesados podían adquirir piezas de joyería que ella tallaba y repujaba y engarzaba y soldaba con gemas, a su vista, con las inscripciones y dibujos y detalles que el cliente prefiriese. Trabajaba rápidamen-

Mu'mina Bint Ahmad 99

te los anillos, los brazaletes, ajorcas para los tobillos, pendientes, gargantillas y collares, los colgantes, los cinturones, prendedores y empuñaduras para puñales y espadas, jarrones, fundas para libros, copas, joyeros, arquetas, tableros de ajedrez, y un sinfín de objetos no muy grandes de esos que gusta regalar a la gente y que gusta recibir, y cuya belleza y perfecta hechura garantizaron la asistencia continua de compradores en su patio.

Sobre el mostrador se exhibía además un fantástico muestrario de gemas, piedras preciosas, semipreciosas, geodas y figuras de animales de diferentes tamaños esculpidos en oro, plata, aleación de ambos, oro rojo y platino. La hija de Mu'mina iba informando de las propiedades de las diversas piedras, y respondía a las preguntas del cliente, le aconsejaba la elección de tal o cual gema, según el objeto de su deseo, recomendaba cómo y dónde llevarla, si en un dedo, o en el cuello, o en el pecho, o en el vientre, y el cliente elegía la piedra preciosa, seguro de su poder añadido a su belleza, y la madre la engarzaba con graciosa destreza en la pieza elegida, o también sucedía que el cliente fuese aconsejado sobre una u otra piedra según el signo del zodíaco al que perteneciese, y entonces se combinaba con el animal que simbolizaba el signo y se eslabonaban ambos elementos, constituyendo un precioso talismán, o se buscaba el planeta regente del comprador, o el planeta cuyo favor se pretendiese, y se combinaba la piedra preciosa correspondiente del mismo con la fabricación de un objeto que simbolizase el deseo que el cliente pretendía conseguir, o se hacían conjuntos de gemas que atraían las cualidades que representaban, sobre soportes de metales nobles, imitando formas delicadas como flores, estrellas, ojos, o rostros, o se elegían aquéllas por el color, buscando las propiedades especiales de los colores y su conexión con los astros y los elementos y las estaciones del año. El zafiro era una de las más buscadas, porque atraía la fidelidad, la castidad, la gentileza y la humildad en la mujer, aunque también la perla solicitábase mucho, porque posee las virtudes de la Luna y de Júpiter, y si el cliente era perteneciente a los signos de Libra o Acuario, la perla engastada en plata se le vendía como un potente talismán protector de los celos y de los problemas financieros.

Mu'mina y su hija se convirtieron en personajes célebres y su ciencia era tan solicitada como su arte, pero lo mejor de todo para Mu'mina es que disfrutaba enormemente al lado de su hija. Todavía alguna vez se preguntaba qué pudo ser de su desdichado esposo, y cómo había sido que lo habían mantenido encarcelado hasta su muerte, pues se habían sucedido tantos gobiernos y tantas revueltas y tantos intentos de conquista y tantas luchas entre príncipes y nobles, y muchos dellos habían sido de la misma tendencia que su esposo y seguían vivos y manteniendo sus privilegios; de tal manera ello era así que ahora, el mismo Al-Mutadid tenía a su servicio a generales que habían batallado junto al esposo difunto, pero, oh, que Alá se apiadase de ella, él estaba difunto, eso mismo, y ella tenía que dejar de pensallo, que ella era viuda de toda la vida, y a qué cuento venía seguir empeñándose en intentar comprender lo que no tiene remedio.

Al-Mutadid, contento con una sillería que había encargado al taller orfebre de Mu'mina, y más satisfecho todavía con el espléndido trabajo que sus artesanos habían realizado en una de las paredes del gabinete privado de palacio, mandó que Mu'mina y su hija fuesen invitadas a la fiesta real que con motivo del Mihrayân, el solsticio de verano, habíasele apetecido celebrar al rey, como obsequio a su esclava favorita, la bella Al-Abbadiyya, a orillas del Guadalquivir durante todo un día y toda su noche.

Loado sea Alá, qué misteriosos son sus designios, decíase la joyera, haciendo los preparativos para asistir al festejo, volver a compartir privilegios nobles que nunca debiéronme arrebatar las circunstancias, pero así es la vida, y quizá mi hija tenga oportunidad de encontrar marido entre los príncipes que acudan, pues bella y graciosa es más que muchas esclavas principales, y es inteligente y culta como la primera, ah, si quisiera Alá que ella encontrara alguien de su agrado, que eso es lo más difícil, que esta muchacha es ya mujer demasiado libre para ser sumisa, que además de lo otro, es lo que antes prefiere un hombre.

Las joyeras habíanle enviado a la esclava Al-Abbadiyya un magnífico collar de siete vueltas, hecho con piedras preciosas de los siete colores del arco iris en señal de comparación con su belleza, engarces en oro rojo, simbolizando la pasión que su rey

Mu'mina Bint Ahmad 101

sentía por ella y terminaciones en perlas y rubíes, denotando la pureza de su alma y su corazón. El collar habíale complacido tanto a la esclava, que húbolo enseñado a unos y otros, y dicen que se lo dejó puesto varios días seguidos sin quitárselo para dormir, y pronto se hicieron coplas del collar de Mu'mina que se cantaban por las calles de Sevilla, narrando la alegría de la esclava, y que, viéndola el rey dormida con el collar, le había parecido tan hermosa que se despertó en su pecho el deseo de hacer poesía y, decían las coplas, que por eso Mu'mina recibía la honra del rey y también la de los poetas.

El día de la fiesta, el pueblo llano se arremolinaba cercano al río intentando ver algo de los festejos reales, pero innumerables guardias de palacio custodiaban el paraje y hacían imposible que nadie que no fuese invitado pudiese acceder a la zona preparada para los privilegiados. El Guadalquivir lucía gran belleza bajo el pleno sol del día, sus orillas orladas de olmos albergaban jardines y bosquecillos de plantas de diversas y raras especies; varias barcazas se habían puesto al servicio de los invitados y realizaban paseos río arriba y luego volvían, sólo por placer, y hombres y mujeres se turnaban en esas vueltas sobre el agua, antes de la comida, y los barqueros tenían mucho trabajo. Sobre la gran explanada a la sombra de los olmos más altos y más viejos, se extendieron los doseles, los asientos, las alfombras y las mesas. Incontables servidores se afanaban en agasajar a los más de doscientos invitados del rey, sirviendo comida y bebida sin límite, aireando las calores de los grupos con grandes abanicos de plumas, y acudiendo a la llamada de cualquier capricho de los señores. Había varias orquestas, repartidas en zonas estratégicas, cantores, saltimbanquis, prestidigitadores y bailarinas, que no dejaron de actuar en todo el día, siempre solícitos a los deseos de diversión del rey.

Mu'mina estaba disfrutando mucho. La joyera había perdido de vista a su hija poco después de la hora de la comida, y se regocijaba para sus adentros, pues la sabía con el grupo de muchachas nobles familiares del rey que habían estado toda la tarde recorriendo el río con las barcas, y miraba hacia allá, y hasta le parecía verla riendo bajo las sombrillas. Alá sea por siempre alabado, ese día valía por todos los años de penurias que se había visto obligada a sobrellevar, y a Él le rogaba que se acabaran en ese mismo día para su hija, que ella merecía otra vida mejor, y quizás a partir de ese momento la dicha se abriría para la muchacha. Mu'mina sentía que no había desentonado entre tanto noble y elegido; se había acercado a saludar al rey, y la esclava la había abrazado con zalamería, quizá quería otro collar más, o unos zarcillos, pensó la artesana, pero aun así, le había recibido el cariño con agrado, y sobre todo, el rey la había llamado por su nombre, y eso era un honor. Ah, qué hermoso día, qué sorpresas guarda la vida, ahora empezaban a encender las hogueras que durarían toda la noche, ya habían llegado carros con más comida y bebida para seguir la fiesta, los saltimbanquis danzarían alrededor del fuego, y seguro, harían pruebas de saltos, ah, empezaba a sentir cierto cansancio, pero cómo decirle a su hija de marcharse a casa, no, aguantaría hasta bien entrada la mañana del día siguiente, como tenía que ser, pues su hija estaba disfrutando tanto...

Caminaba la joyera hacia una de las colinas donde preparaban la primera hoguera, a la que seguirían las otras con que se coronaba la fiesta del Mihrayân, en la noche más corta del año, cerca del grupo de señores principales más distinguidos entre todos los invitados. Al llegar junto al grupo, una figura le resultó familiar, un hombre que ella reconocía, su mismo pelo cobrizo, la anchura de sus hombros, la leve inclinación ladeada de su cabeza. Sintió que de un golpe la devolvían veinte años atrás, ella era joven entonces, y aquel hombre era su esposo. Obedeciendo un extraño impulso lo llamó con el nombre de aquél: Abu-l-Qasim... y él se volvió hacia ella enfrentándole sus ojos verdes como las esmeraldas que ella tallaba, su sonrisa de gacela, su belleza ahora engalanada por veinte años más.

Mu'mina se tragó el corazón destrozado de toda una vida y sacudió la cabeza, loado sea Alá, casi llega a tirar su historia por la borda, sí, la historia de su vida, la verdad de su vida, esos veinte años en que se había hecho dueña de sí misma, veinte años de supervivencia, de trabajo, de preguntas sin respuesta, de miedo y de amor frustrado. Detuvo de nuevo, como tantas otras veces, al pensamiento, detuvo el respingo del corazón en la garganta; no, no, ella era viuda de siempre, y todo tenía que seguir igual, y continuó caminando hacia la hoguera.

La noche transcurría alegre. El fuego embellecía las siluetas de los danzantes y avivaba los otros fuegos interiores; las parejas de amantes yacían ya sin pudor albergadas por los permisos de la luz nocturna al pie de los árboles, entre los matorrales floridos de los jardines, detrás de las tiendas, junto a los doseles, mientras las copas corrían, la música no cesaba de sonar y los ánimos se rendían a la embriaguez de todo tipo. Alguien abrazó de improviso a Mu'mina; era su hija, radiante y alegre, que venía a decirle que ése había sido el día mejor de su vida, que había conocido al hombre de sus sueños, que se había enamorado y él la quería tomar como concubina, que era noble, señor principal, galante, cortés y hermoso, madre, gentil como el amanecer y de anchos y varoniles hombros, y que lo quería, que tenía el pelo cobrizo, como ella, los ojos verdes, como las esmeraldas que en su taller ellas ensartaban en los anillos más caros y una sonrisa de gacela, madre, cautivadora y amante, y que por la edad bien pudiera ser su padre, pero que a ella eso no le hacía importancia, porque ya él le había declarado su amor y le había jurado quererla y protegerla para siempre.

PETRA CONILL

Panadera
Barcelona. Año XXVI del rey Enrique
Año de la Encarnación de 1055. Año vulgar de 1054

La noche en que se presentó don Ramón Berenguer en Barcelona con doña Almodis de la Marche, se conoció de inmediato que la dama era bellísima –y eso que no la había visto nadie porque venía en silla de manos con las cortinas echadas–, y que el conde se había maridado con ella.

Flores les hubieran echado los habitantes de Barcelona, flores, pero el señor estaba ya casado con doña Blanca de Rasés, su mujer legítima que lo esperaba en la Casa Condal, bordando, como hacen las mujeres honradas; además que no había consultado tamaño disparate con su abuela, la señora Ermessenda, ni con los vizcondes, sus parientes, por eso, y por lo que parecía suceder: un contubernio (puesto que el conde había enviado libelo de repudio a su anterior esposa y venía con otra), las gentes salieron a la calle, se apostaron a la puerta de palacio y, gritando, pidieron explicaciones a don Ramón, que no las dio.

Petra Conill, la tahonera de la Font del Pi, no encendió el horno ni amasó pan aquella noche, ni la siguiente. A la siguiente, ay, le salió el pan regañado, se le abrió todo con la fuerza del fuego, pues no atinó con la temperatura del horno y lo tuvo que dar a los pobres, y es que el asunto que llevaba a maltraer a Barcelona entera no la dejaba sosegar.

La población andaba confundida, tanto más la panadera que, de natural, era un manojo de nervios, y los condes, ah, los condes. Don Ramón había traído a la bella del sur de Francia y no se había ido a la cama con ella, tal decían los sirvientes que salían del castillo; la vieja Ermessenda, oh, había puesto a una de sus damas a escribir nada menos que al papa de Roma para pedir la excomunión de los dos adúlteros, de su nieto y de Almodis, de la cual, además, la anciana había dicho que era puta sabida, y lo sería, puesto que la dama no era de palabras groseras. Y, claro, todos estaban desazonados porque la abuela había iniciado otra de sus batallas con el nieto, ya sabían todos de aquellas guerras que eran de nunca acabar, pero que el primer señor de la Marca Catalana tuviera dos esposas a un tiempo era negocio nuevo, y para colmo de males el obispo oraba, retirado en el claustro de La Seo, y no hablaba. Y sólo se conocían las cosas que decía el personal, rumores de esto o aquello; nada cierto. Y de doña Blanca, la legítima, la más ofendida de todos, ¿qué? Y aquello de que la francesa llevaba mortíferos venenos en su azafate, ¿qué? Y eso de que había asesinado a sus tres maridos anteriores y de que había abandonado a sus hijos en el Languedoc, ¿qué? Y, doña Ermessenda encerrada en sus habitaciones sin querer recibir a nadie...

Ni a Petra quería recibir, ay, Dios. Ni a Petra que, de antiguo, le llevaba cada día un pan a la señora, un pan especial hecho de harina candeal, cocido aparte. Un pan que la panadera nunca cobró a la dama, pese a que ella se lo quiso abonar, pese a que discutían las dos a menudo por regalar y pagar.

Y lo que decía la panadera mientras la emprendía con la masa, que a pan duro diente agudo, que doña Ermessenda estaba haciendo lo que debía hacer, afrontando la situación, dándola a conocer a los señores del mundo y no consintiendo las veleidades de su nieto.

Las comadres que la oían se mostraban de acuerdo con ella y aplaudían la actuación de la anciana condesa, puesto que salía valedora de todas las mujeres catalanas, ya que no era de razón que un hombre, aunque fuera el conde, repudiara a su esposa a su antojo, por más que alguna apuntara que era mejor hembra doña Almodis que doña Blanca, que era muy menuda, demasiado menuda, imposible que le cupiera una criatura en las entrañas, imposible que le diera un hijo al conde, y que don Ramón necesitaba muchos hijos, no fuera a fallecer su heredero, don Pedro, el de doña Isabel, descanse en paz doña Isabel, la primera mujer de don Ramón Berenguer. Y ya se enzarzaban en discusión sobre las prendas de doña Blanca, de doña Almodis y de doña Ermessenda, las tres damas que tenían revuelta a la ciudad de Barcelona. Pero entre ellas, aunque hablaran con calor, no había disensiones. Las clientes de Petra Conill, ya fueran a cocer su propio pan o a comprar el que se vendía en la tahona, estaban a favor de la anciana señora. ¿Qué era aquello de que al conde o a cualquier otro hombre le ardieran las partes bajas y trocara a su esposa por otra?

Los vecinos estaban con el oído atento, ya que los agoradores predecían un futuro más que incierto y los agoreros, los que no tenían poder de adivinar y lo inventaban, lo destrozaban. Y, de los que seguían la marcha del asunto a la puerta del castillo, quien más quien menos quería saber qué le tocaría a él de tanta desgracia por venir y, a más a más, enterarse de los sucesos por lo menudo para poder hacer comentarios razonados sobre lo que ocurría.

Al cuarto día, Petra Conill entró en la Casa Condal por la puerta grande, la misma que atravesó doña Almodis, contenta y ufana, con su pan de harina candeal debajo del brazo canturreando una canción, y ni criado ni soldado osó detenerla, pese a que nadie la había convocado. Llamó a las habitaciones de la condesa Ermessenda. Oyó: «¿Quién es?», respondió: «¡Petra Conill!», y, como si pudiera pasar cualquiera, consiguió lo que no había logrado ningún vecino de Barcelona en cuatro días: entrar en los aposentos de la señora.

A la par que las damas la saludaban con efusión, ya corría por toda la ciudad que doña Ermessenda había abierto su puerta, hasta hoy aherrojada con mil cerrojos, a la panadera, y un enjambre de personas se agolpó en el puente levadizo para escuchar a la dueña cuando saliera. Cierto que Petra tardó mucho tiempo en abandonar las habitaciones de la dama, cierto que sabedora de que una multitud la esperaba dejó la casa por un portillo, sin que la vieran. Y es que no podía hablar con nadie, es que, por encomienda de doña Ermessenda, debía personarse en la casa en que se recogió doña Blanca tras recibir la carta de repudio, allá en la canal del Rec, y decirle lo que se había apren-

Petra Conill 107

dido de memoria durante todo el día de principio a fin, sin trocar las palabras, una detrás de otra, e iba muy concentrada en sí misma, repitiendo las frases de la carta que la dama abandonada debía escribir al papa de Roma para que Su Santidad dictara auto de excomunión contra don Ramón Berenguer y su mantenida, la Almodis de los mil diablos. Carta que llevaría Berengario Gaucefredo, el capitán de las tropas de doña Ermessenda, a Roma, muy pronto, pues ya estaba presto a partir.

A la mañana siguiente, en la tahona de Petra Conill no cabía un alfiler. Comadres, menestrales, soldados y varios marineros, que fueron a comprarle pan de guerra, lo llenaban todo, tanto, que la dueña aprovechó la ocasión y coció varias hornadas, vendiendo mucho y consiguiendo un buen dinero extra que decidió gastarse en el mercado, comprarse tela para una saya nueva y un ceñidor y, si le alcanzaban los dineros, una ajorca para adornar sus tobillos o un prendedor de plata para sostener sus cabellos y realzar su buen aire.

Y se disponía a atravesar la puerta del Obispo, cuando la gente del conde la detuvo y sin preámbulos le preguntó adónde había ido el capitán Berengario la noche anterior, puesto que había salido de la ciudad y no había regresado. Petra respondió lo que ya sabía toda Barcelona que iba a Roma con cartas de las dos condesas pidiendo la excomunión para dos pecadores, y no les puso nombre a los pecadores. Pero siguió hablando pan por pan, sin rodeos, lo mismo que hacía en su tahona con las clientas, que un hombre no podía repudiar a su mujer natural por un antojo y ya interrogó a los soldados sobre qué pensaría cada uno de ellos de su padre si hubiera repudiado a su madre y la hubiera trocado por otra.

Los hombres guardaron un momento de silencio como si no supieran qué contestar, como si las menciones de la panadera a sus padres y a sus madres les hubieran conmovido, pero su reacción fue bárbara, la emprendieron a golpes contra Petra, la zarandearon y la llenaron de cardenales, dejándola tendida en el suelo.

La atendieron los buenos vecinos que le dieron vino a beber. Cuando se recuperó, bebió poco, por lo que dijo: pan a hartura y vino a mesura, y habló y habló con los que la socorrieron en aquel trance, sin percatarse de que lo que le había sucedido era por hablar demasiado, siguió defendiendo la postura de doña Ermessenda y los que la oyeron convinieron con ella en que el oficio de panadera era el más importante de todos los existentes puesto que ricos y pobres comían pan, puesto que mil años después aún había por el mundo partecillas del pan que comió nuestro Señor en la Última Cena. A la caída de la noche, la camarera mayor de doña Ermessenda le entregó una bolsa con buenos dineros para compensarla de los daños que sufriera.

En las semanas siguientes, Petra fue y vino de su tahona a la Casa Condal y llevó recados entre las dos condesas desafiando a don Ramón Berenguer que prohibió a la gente reunirse y hasta salir de su casa, salvo en horas de mercado. Lo que decía, que doña Ermessenda y ella eran las abanderadas de las costumbres cristianas en la tierra catalana. Con razón porque el obispo se había marchado en peregrinación a Compostela. Claro que la que más gritaba era ella, porque la condesa protestaba en silencio, encerrada en sus habitaciones, mandando escribir a sus camareras cartas y cartas, tantas que les dolía la mano, y mientras, esperaban que se presentara en Barcelona el legado pontificio con el auto de excomunión para los condes adúlteros, como Su Santidad había prometido al bueno de Berengario, cuyo viaje a Roma fue un completo éxito, puesto que no estaban en San Pedro del Vaticano por desoír pecados que pusieran en tela de juicio la estabilidad del matrimonio, sostén de la sociedad:

Cierto que durante este tiempo, mismamente como predijeron los agoradores y los agoreros, grandes desgracias comenzaron a azotar Barcelona: llovió de tal manera y con tanta fuerza que los campos se anegaron, se perdieron las cosechas y los animales de los corrales; las casas se inundaron y varias se hundieron con todos sus moradores dentro; el temporal rugió en la mar destrozando los muelles, hundiendo los barcos y llevándose la pesca lejos; y una plaga de ratas, como no se había visto otra, llenó la ciudad.

En este estado de los cielos, de la tierra y de la mar, la población vivió sobrecogida, con el alma en un puño, conocedora,

Petra Conill 109

además, de que, cuando un señor, un conde, un vizconde o un rey, era excomulgado todos sus súbditos eran condenados con él a la privación de sacramentos y, en consecuencia, al fuego eterno, gratuitamente, por el hecho de ser vasallos suyos.

Petra Conill achicó agua en su panadería, coció pan que se le enmohecía de tanta humedad y mató ratas a escobazos, por lo que andaba desesperada, como todos los vecinos, pero la tahonera padeció también infortunios privados. Los soldados de don Ramón Berenguer se personaron en su casa con un hombre aquejado de fuego de san Antonio, acusándola de haber vendido pan de centeno con cornezuelo y queriéndola llevar ante el conde para que respondiera y, en efecto, el hombre, que moriría al día siguiente, estaba todo morado.

Petra consiguió burlar a los soldados, se encerró en su casa, echó los goznes y se dispuso a esperar, pero los barceloneses se volvieron contra ella, por lo del cornezuelo, porque el morado de san Antonio mataba a chicos y grandes sin hacer distingos, porque había usado harina mala y, tal vez aprovechando el desconcierto, hasta hubiera sisado en el peso del pan, enriqueciéndose, dijeron, pues que se había comprado un manto, una saya y hasta calzas y bragas nuevas. Y, conforme arreciaban los insultos del gentío, los soldados iban retirándose más y más lejos de la Font del Pi porque el pueblo iba a realizar la tarea que el conde les encomendara a ellos, y mejor no mancharse las manos con la sangre de la panadera, que ya lo haría el pueblo, y estaría bien hecho, ni la señora Ermessenda se atrevería a pedirle cuentas.

Y, en efecto, el pueblo ya arrimaba maderos para quemar la tahona de Petra Conill. Los que fueron sus amigos dejaron de serlo, por esas cosas que hacen las gentes cuando se unen todas, sin preguntarle, sin revisar su harina, entre otras cosas porque el cornezuelo es imposible de ver con los ojos —sin considerar que la dueña podía ser víctima de una conjura para eliminarla, y que, en adelante, protestaría la señora Ermessenda en solitario.

Y ya prendía el pueblo barcelonés los troncos en la puerta de Petra Conill para llenarle la casa de humo y que saliera y poder ahorcarla, que eso querían, ahorcarla, y crepitaban las llamas, vive Dios, cuánta injusticia… Que ella no sabía nada del cornezuelo del centeno, que, al parecer, le vendieron harina echada a perder mezclada con otra buena, que el color violeta del hombre muerto era un accidente que ocurrió cuando ocurrió en mala hora, pero que pudo suceder en los días de la paz, antes de que llegaran los señores pecadores a Barcelona, antes de que la anciana condesa, la abuela del pecador, se opusiera a las trápalas de su nieto... A más, que le hubiera gustado cocer pan para los excomulgados, que no había hecho nunca pan conjurado y ver cómo terminaba todo aquel jaleo... «¡Señora Ermessenda, señora Ermessenda!», aullaba la panadera en su agonía, a duras penas ya, puesto que el aire de su tahona se hacía irrespirable...

La salvó Berengario Gaucefredo, el capitán de las tropas de la condesa que, a una orden de su señora, tomó unos hombres, cogió un látigo, montó a caballo, picó espuelas y se plantó como una tromba en la Font del Pi, donde repartió latigazos a todo lo que se movía, sin prestar atención a quién apaleaba, y rescatando a la panadera que, tras toser abundantemente y lavarse el rostro en la fuente, fue llevada ante doña Ermessenda, que no abandonaba a los suyos, que la tomó de criada para que dejara su oficio y, con el tiempo, le regaló una casa en el rabal de San Pedro de las Puellas, puesto que Petra continuó prestándole muy buenos servicios. Y junto a la señora y sus camareras recibió al legado pontificio que trajo la excomunión para don Ramón Berenguer y doña Almodis, que tuvieron hijos de la ganancia, gemelos, que no dejaron de vivir en concubinato ni aunque lo ordenó el Papa ocho veces, pues ocho veces Berengario fue a Roma y ocho legados se presentaron en Barcelona dictando otras tantas excomuniones en la puerta de La Seo durante ocho largos años, ante una vecindad hastiada del engorroso asunto, que no acabó hasta que doña Blanca, la repudiada, recibió mucho dinero y casó con otro hombre, con un vizconde, y hasta que doña Ermessenda fue enterrada en la catedral de Gerona. Pero todavía hay quien afirma que la dama anda por el mundo, que no descansa en paz, por el negocio del nieto.

LAS SANADORAS

SÎBAWAYH

Sarakusta. Año 438 de la Hégira

Ni una mala camisa de repuesto trájote tu madre, y el manto que llevas está raído, tendré que encontrar uno mejor para ti, que en esta ciudad se viste bien, aunque seas de baja condición, y es que cuando corre el viento se te lleva de frío, como un demonio, además, ya pronto habrás de usar un jimar para cubrirte el rostro, hija mía, que dejas de ser una niña, y aun seguro que tendré yo que asistirte a tu primera sangre, mírame, ¿sabes de qué te hablo? La muchachita alzó sus ojos oscuros a punto de derramar lágrimas, mirando a aquella mujer alta que iba de un lado para otro revolviendo arcones, apartando vasijas y cuencos, que le faltaba un ojo y hablaba con voz quebrada como para sí misma. Ay, por Alá el más grande y su profeta Mahoma, que los dos me abandonan a mi suerte, qué vas a saber de qué te hablo, si eres un animalillo con susto, y yo te acojo en mi casa porque me falta el seso, además de un ojo, y se me enternece el alma con cualquiera cosa, y tu madre me da lástima de tantos hijos que tiene y no os puede alimentar, y tampoco tiene marido, y digo yo, que sigue teniendo hijos, y que algún hombre habrá por medio, pero claro, quién ahora la marida con tanta boca con hambre, y va y me dice que tú estás señalada por Alá, y que tengo que enseñarte mi ciencia y que darte de comer, que la boca sólo para entrarte te sirve, que della nada te sale, porque tu lengua es muda, y digo yo que no sé si me entiendes, sólo faltara que tu mal fuese sordera, anda, deja de llorar, creatura, y dime si me oyes, Nawar, que ya que eres mi ahijada, hazme señal de que no hablo en vano... Y la pequeña enjugóse las lágrimas y movió la cabeza de arriba abajo varias veces, dejándola tranquila de saber que sí, que oír, oía la aprendiza. Anda pues, no llores y come esta sopa que te hará bien al cuerpo, mientras busco unas alpargatas para calzarte, que tienes que tener los pies ateridos de frío con lo que ha llovido, y no me extrañará que un día destos caiga nieve, que algún año lo hace en estas fechas y es que viene señalado, y seguro que éste trae novedades, y si no, mírate, más novedad que tú, para mí, que toda mi vida me las he visto sola y ahora con ahijada para enseñarle lo que no sé cómo yo lo he sabido, y a más, que no sé cómo tú harás para contallo luego. Pero Alá lo sabe todo, y Él marca los caminos, y a mí me marcó el mío cuando nací con el sol del primer día del año cero desta cuarta centuria de su Hégira, y que tantas guerras y luchas y divisiones y traiciones ha alumbrado, y si no lo sabes, es ésa la noche solemne para la consumación del matrimonio, ya ves, yo que no casé, y con quién lo hubiera podido hacer, faltándome un ojo, pues ésa es la noche sagrada de la fiesta del Nayrûz, que los cristianos tanto celebran también, y en ella dispuso Alá que yo naciera, y que faltándole leche a mi madre para mantenerme la vida, quiso también Alá que una doncella de las que hacen los bollos y los dulces con que se regalan unos a otros en ese día, quiso Alá quella me pusiera en la boca azúcar del que llevaba en los dedos y así recuperé el aliento y el llanto por hambre y pudieron darse cuenta que al pecho de mi madre moría, y que con la harina pura de los dedos de una virgen vivía, y dijéronse que era señal de Alá que yo venía al mundo con ciencia, y más cuando vieron que faltábame el ojo derecho debajo del rebujo de piel que tenía en la cara, y que por tanto sólo habría de ver con el ojo izquierdo, que es el de lo interno, el ojo que ve lo de los adentros y lo de antes del ahora. Y algo deso debía haber y era verdad, puesto que ya siempre adiviné las dolencias de mis parientes, aun siendo muy chica, y siempre gusté de buscar remedios y llegué a conocer las hierbas, y escuchaba embelesada a los curanderos ambulantes y les preguntaba desto y de lo otro y ellos me contestaban creyéndome instruida o sabedora de sanamientos. Y por eso fue que mi madre, como la tuya te ha hecho, me fue encomendando a todos los que pudo encontrar en esta tierra de Sarakusta para que me pasasen la ciencia de la medicina y de la curación, que la de la adivinación ya la traía yo, y aun para tenerme lejos della, que algo de miedo debían darle mis poderes, desde que le dije que un hijo le salía muerto y así fue, y que le ponía las manos en la cabeza a un demente y se calmaba, y que jugaba a hacer emplastes y ungüentos y manejaba las hierbas y el lodo y al que se los ponía sanaba, al punto que tenía diez años o menos y venían de los arrabales de Cineja y aun desde la puerta de Toledo a hacer cola para que yo los viera, y también venían judíos en secreto y cristianos, que desos nunca me han faltado ya desde entonces, y mi madre cogió más miedo y me llevó de sirvienta a casa del grande médico Abú Allá Al-Kattaní, y allí tenía yo el mismo llanto que tú tienes ahora, Nawar, hija, come y ponte estos calzones que te abrigarán por dentro, y estas almadreñas de piel de oveja, ya te crecerán los pies, descuida, y nos vamos mientras haya luz a comprar unas cosas que me faltan, y el médico resultó buen hombre, ya verás, como yo te querré también, hija, y me permitía ayudarle con los enfermos, y me contaba los tratamientos y me hablaba mucho, como yo te hablaré a ti, muchacha, deja de llorar, de los remedios para reparar los cuerpos y las almas, que muchas veces van parejos, de reconocer los síntomas verdaderos y no dejarse engañar por lo que se ve de afuera, de distinguir las plantas medicinales y de saberlas aplicar y de muchos secretos para hacer sanar, y me decía, Sîbawayh, qué nombre tan bonito tienes, puesto que el olor de manzana, queso significa mi nombre, hija mía, también cura muchas penas del alma, Sîbawayh, escúchame bien y abre mucho los oídos, que aunque no sepas leer y yo no tengo tiempo de enseñarte, aprenderás lo que te hace falta, y lo importante es que tú puedes curar con tu ciencia y con la mía, ay, el buen médico Al-Kattaní, que Alá haya guardado siempre, y es verdad que me enseñó mucho, pero cuando le adiviné una desgracia, tuve que marcharme de su casa para no decírsela, ya que las cosas malas no es bueno sabellas antes de hora, y es que Alá ya quería para mí otros aires, que ya tenía dieciséis años, y es Él quien manda, anda y ahora vamos, que aún han de venir pacientes luego.

Sîbawayh colocóse encima una túnica de lana y un chaleco de piel de cordero, pues sus carnes nunca fueron abundantes y ahora hacía frío, y aun le dio una manta de lana a la muchacha para cubrirse la espalda, pues en esa Sarakusta Albaida, si soplaba ventolero, en este mes de kanûn hacía mucho frío. Se encaminaron a la puerta de Bab Al-Qibla, en dirección al arrabal, parándose antes en la mezquita mayor, que desde la ampliación que realizara Mundir Al-Tuyibí, que Alá haya confundido, lucía más esplendorosa que antes y estaba siempre repleta de visitantes, y en sus alrededores se situaba el mercado mejor provisto de víveres y comercios de los alrededores. Te cuento, Nawar, hija mía, para que sepas dónde estás por si te pierdes un día, Alá no lo quiera, y puesto que te trajo tu madre de las almunias que hay más al sur deste río Ebro, questa buena capital se llama Sarakusta Albaida y le dicen «la blanca» por las murallas de piedra blanca que la rodean, pero también te digo que es lugar signado, porque le dicen la de los dos soles, y es que de día la luna se queda blanca y redonda en el cielo y festeja con el sol, y por eso es tierra de amores y alegrías, que aquí a todos les gusta mezclarse, sobre todo a los cristianos, que andan igualándose a nosotros y lo mismo los ves viviendo junto a la puerta del puente, que en el arrabal de Cineja, que en el de los Curtidores o el de la otra orilla del Ebro, y aun en el campo de Al-Musara, cerca del alcázar, y hasta dicen que pocos árabes puros quedan, que aquí todo son permisos para mezclarse y no es cosa mala, Nawar, que lo mejor de todo es la paz, los judíos es otra cosa, son más suyos, y ésos viven todos juntos en su barrio, al sur de la muralla. Mira, salimos por la puerta de Al-Qibla porque vamos al arrabal que mejor huerta tiene, cerca del cementerio nuestro y de una cripta muy antigua que le crecen flores únicas y me interesan, no te inquietes, que noto que te asustas, hija mía, no pasa nada, y te enseñaré a adivinar con las hojas caídas en la cripta, que barrunto que algo ha de pasar.

Pero a medio camino las paró una mujer que le dijo a Sîbawayh que la andaba buscando, y que tenía que ir con ella a casa de sus amos, y en ese momento aulló un perro y supo que un niño estaba naciendo a pesar de que su madre no quería. Vamos corriendo, dijo a la mujer, y cuando veas una rosa de las silvestres junto a la muralla, traémela. Así lo hizo la otra, extrañada de la rareza del encargo, pero sin decir nada, puesto que ella sabía las artes adivinatorias de la curandera, y seguro que algo sacaría dello. Sin detener el paso, Sîbawayh pasó la mano por la rosa invernal y luego abrió la palma para leer en los pétalos que se habían desprendido, viendo que ese niño era fruto de amores ilícitos y que si no llegaba pronto, la madre iba a ahogarlo nada más nacer. Llegaron a una hacienda de cristianos acomodados en el arrabal cercano al río Warba, pero no pasaron a la casa, sino a los establos, y allí se encontraron a la parturienta, una muchacha joven y de carnes bien alimentadas, sofocando los gritos, sollozando y envuelta en la sangre y los líquidos del parto. Sîbawayh temió que su ahijada Nawar reaccionase con miedo o con susto, que todo era posible sin haberla podido enseñar en cuanto a los partos, pero la niña se mantuvo entera, y la curandera vio en ello señal de buen augurio. Junto a la parturienta estaba la madre, llorosa y dándose golpes en el pecho, y rápidamente Sîbawayh le dijo que trajera paños abundantes y sábanas y algo para hacer fuego y calentar agua, se levantó las sayas para arrodillarse y se remangó los brazos hasta los codos, situándose en medio de las piernas de la cristiana para palpar cómo llegaba el niño, porque se intuía que había de ser niño, y ya le vio asomando la cabeza, y metiendo la mano por la abertura hasta cogerlo por la nuca, le decía a la joven que empujara cada vez que respirara, y con la otra mano en la parte alta de su vientre, ella misma arremetía para que el niño se abriese camino, mientras le gritaba a la sirvienta de la cristiana que cogiérale las manos a ella para que no se hiciese daño a sí misma, hasta que tuvo la cabeza del niño casi afuera y al volverlo para sacarle un hombro, se dio cuenta que llevaba alrededor del cuello la cuerda por donde se alimentan los hijos dentro del vientre de la madre y llamó a Nawar para que lo sujetara, que ella tenía que desenroscarle el tubo de carne y ya estaba morado el crío de no respirar, y en cuanto húbole quitado la molestia, sin tener que decille nada vio que su ahijada tiraba hacia sí del niño sacándole un hombro y luego el otro, y que luego le cogía por debajo de los bracitos y terminaba de extraerlo, entre riadas de sangre sucia y la bolsa de dentro rota y otros líquidos y mocos, que hay que ver cuánta perdición se traen los hombres al nacer, y dejando tranquila a la madre,

que dio un largo suspiro de quitarse el dolor dencima, y Sîbawayh sacó entonces la daga que siempre llevaba con ella para cortar plantas, hierbas y otras cosas, y pudo darle un tajo seco a la
cuerda, que sacó más sangre, loado sea Alá, y ató enseguida con
un nudo al vientre del recién nacido que Nawar sujetaba embelesada entre los brazos, sólo que cuando rompió a llorar para
despertar a los pulmones que ya les llegaba el aire, casi lo tira del
susto, y entonces aprovechó Sîbawayh para envolverlo en un
paño y limpiarle un poco el rostro y dárselo a la sirvienta, que le
parecía de momento más seguro que a la madre, que no paraba
de llorar, esta vez de tristeza. La cristiana mayor había llegado
con agua y había hecho fuego en unas piedras, y le explicó, en
el medio árabe en que se entendían unos y otros, que por favor,
que todo tenía que ser secreto, que su marido el señor de la casa
nada sabía de todo ello y que los mataría a los dos, a la hija y
al nieto, de enterarse que la pobre desgraciada había quedado
encinta del cabrero de la finca, que el niño se lo daban a la sirvienta, que ya tenía varios hijos y al amo no le extrañaría uno
más, y que buen servicio les había prestado y que al otro día le
iría una de la casa a pagarle como se merecía. Está bien todo eso,
dijo la curandera, y por mi parte, en mí queda el secreto, y más
en mi aprendiza, que es muda, pero el niño necesita la leche de
su madre y ahora no le sale todavía porque ella tiene rechazo a
la creatura, y vas a hacer lo que yo te diga, porque si no, lo
cuento todo, que al crío hasta mañana le vas a poner en la boca
agua con azúcar, que lo mantendrá vivo aunque llore, y a tu hija
le vas a dar leche de cabra en abundancia, y que te la ordeñe el
cabrero hasta que se desolle los dedos, que es el padre y algo tiene que poner además del badajo, y entre medida y medida de
leche, le preparas a tu hija una infusión de mejorana silvestre, hi-
nojo, tomillo del que aquí abunda tanto, manzanilla de la secada
en casa y amapola, y que la beba, que le calmará la mente y el
cuerpo y dejará que le broten los pechos como fuentes por
el bien de su hijo, y mañana te hago traer un preparado con ramas de ruda, nueve escropulas de enebro, una nuez, un higo
seco y un poco de sal, y que se lo coma tu hija de inmediato,
que eso le ha de procurar una muy buena salud para criar a tu

nieto, y no protestes, que tu nieto tiene madre y ha de quererlo y aun tu marido lo querrá, que sé lo que me digo, asín que para calmarle las furias de la deshonra, has de frotalle en la nuca mientras duerme con las tripas de un caracol aplastadas en tu mano, y le cuentas lo del parto cuando despierte, y que vea al crío, y verás que haréis bodas con los chicos, que no es la primera ni la última vez que una virgen bien guardada burla los cuidados del padre, que la carne es la carne, y si más de una vez folgó tu hija con el cabrero, es que se gustan, y de ahí a quererse, es un paso. Mientras esto decía, fue preparando con agua, harina, sal, tierra, cenizas y trozos de los palos quemados al fuego, un emplaste que envolvió en un trozo de tela de lino y se lo colocó a la parturienta allí donde arden los infiernos y se abren los cielos, según decir della misma, para ayudarla a que terminase de echar los restos del parto y que la herida cerrara pronto, y al punto la muchacha quedó plácidamente dormida. Haz todo lo que te he dicho, y cuida a la creatura, que es carne de tu carne y ha salido con todo lo que tiene que tener, recomendó a la abuela, y ahora nos vamos, Nawar, a casa, que se echa la tarde y barrunto más lluvia, ya iremos a la cripta mañana, y muy bien te portaste, muchacha, vas a ser buena discípula, por Alá. Fue la primera vez que vio sonreír a Nawar, y se alegró.

Ya en casa, encendió el fuego y sacó el pan del horno para comer algo y para meter en él varias cataplasmas que tenía que aplicar pronto a algunos pacientes que tenían que irle.

Mira, muchacha, este libro de plantas y flores medicinales me fue entregado por el grande Ibn Yanah, médico de Córdoba que se vino a vivir a Sarakusta porque el viento de aquí y las aguas del Ebro le beneficiaban a su mal, pero a lo que vino fue a morir, porque le había llegado su hora, y Alá así lo quiso que yo lo conociera y me viera curar una herida muy difícil hecha con un hierro y que supuraba y que muchos decían que había que cortar el brazo, y yo que eso se curaba con baños de infusión tibia de lavanda y manzana seca y hojas de té, y como así fuera, se admiró y me halagó grandemente y me regaló ese libro, que aunque no lo sé leer, las plantas me las conozco todas y ya me aprendí de memoria para qué servían, pero él murió y pocos ya se acuerdan de aquello y no me tienen por médico, que como mujer, prefieren tenerme por charlatana que cura, o por partera, o por amortajadora, o por alcahueta que tiene remedios para males de amores y conjuros para atraerlos, porque, ay, Nawar, ya aprenderás, que por ser mujer te atraes el aprecio de los hombres para dentro del lecho, si eres hermosa, y el desprecio de los mismos para su afuera, si eres sabia, y en mi caso, que encima de ser sabia soy fea, pues el doble menosprecio, que si fuera hombre, con la mitad de lo que yo sé y he conseguido y he demostrado, sería tenida por médico, y de los buenos, y dictaría sentencias y me harían reverencias, y no que así, ya ves, contenta he de estar con que me dejen vivir en paz mi pobreza y mi sapiencia, pero no hagas caso de mis quejas, que Alá todopoderoso no crea que reniego de mi destino, pues curo los males y hago los bienes, y eso ha de ser bastante.

No habían acabado de comer unas borrajas y castañas calientes con pan, cuando llegóse uno de los pacientes que Sîbawayh obligaba a ir todos los días a verla. Lo mandó sentar y lo trató con confianza, pero el hombre tenía cara de disgusto, a pesar de que sus palabras eran afables. Mira, Nawar, el color amarillento de su rostro y, a ver, las palmas de las manos, ¿estás viendo?, eso es muestra clara de que el hígado no está bien y que ha sido cargado con más trabajo del que podía hacer, y que este buen hombre ha comido y ha bebido en demasía y muy seguido y no se ha limpiado por dentro convenientemente, y como además el hígado acusa mucho los disgustos y los humores adversos que no se saben pasar por alto, llega un momento que se hincha y ya no deja comer más y que en vez de darle tú el disgusto a él, él te lo da a ti, y por eso mi vecino tuvo que venirse con grandes dolores y este color amarillo por todo el cuerpo, para que aprendiera a cuidarse de una vez, y aunque le veas la cara contrariada, no es por mí, que a mí me aprecia, eso es porque sabe que tiene que beberse ahora este jarabe que lleva macerando todo el día en esta tina, y que le sabe muy mal al gusto, pero que es muy bueno para su hígado. Y dicho esto y sin más preámbulo, tapóle con dos dedos a modo de pinza las narices al hombre, por lo que éste tuvo que abrir grandemente la boca para respirar, aprovechando lo cual le vertió en la garganta un vaso lleno de un brebaje verdusco y espeso que el hombre tragaba despacio y gimoteando como un zagal. Cuando hubo terminado hasta la última gota, grandes náuseas le venían del estómago, por lo que la curandera le mantenía la boca cerrada con las dos manos, aguantando hasta que se pasasen las arcadas y prometiéndole que bebería agua enseguida para enjuagarse la lengua. Mira, Nawar, ahora se va a tender en el lecho y le vas a subir la camisa hasta el cuello, pero caliéntate las manos antes, para evitar el sobresalto, mientras yo me embadurno las mías con aceite de oliva y grasa de cordero joven para darle un masaje en la zona de la dolencia y quédate cerca de mí, para que aprendas a hablarle al hígado enfermo, que todas las partes del cuerpo tienen su boca y sus oídos, y hablan mandando señales afuera y escuchan recibiendo nuestras atenciones, y lo que pasa es que cuidamos poco al cuerpo, que si hablásemos con él más a menudo, menos enfermedades habría, porque el cuerpo avisa siempre de lo que necesita y de lo que le sobra.

El hombre, tendido en el lecho y con el gesto todavía descompuesto, se dejaba hacer sumiso, y en cuanto la sanadora le hubo puesto las manos sobre el hígado, relajóse como un niño y hasta le entró somnolencia y ya no parecía que hubiese tenido dolores, pues Sîbawayh le amasaba con los dedos esa parte, primero suavemente y luego más firme, y el otro no protestaba ni se quejaba. Le digo al hígado que suelte los líquidos emponzoñados y que filtre la amargura, que ella es causa de todo mal, y le digo que su dueño va a amarlo mucho y que yo lo encomiendo a Alá misericordioso para que le dé larga y alegre vida, y créeme, Nawar, que el hígado me escucha, pero no te preocupes, que cuando tú te pongas a sanar, bastará con que lo pienses y también a ti ha de escucharte cualquier otro hígado.

Llegó con grandes voces un vecino que decía que venía del otro lado del río, y que en el puente le había cogido grande lluvia y decía que habría crecida del río, y que venía dándose furiosos golpes en el rostro, queriéndose parar unos dolores terribles por dentro de la boca al final de la mandíbula y que le llegaban hasta el oído. Anda hija mía, calienta vino en este cuenco y echa unas gotas desto, sólo tres gotas, que es milenrama y me cuesta mucho encontrarla y luego tarda varios días en secarse, pero calma pronto el dolor y este hombre está bramando por dentro, y por fuera, que ya lo ves, anda y que lo beba, que ahora voy con él. Terminó Sîbawayh el masaje y con amigables palabras despidió al hombre del hígado enfermo hasta mañana, a la misma hora, insistiéndole en que siguiera con la dieta que ella le había recomendado días atrás, que la mesura en la comida y la buena combinación de los alimentos es muy importante para mantener la salud y ahora a él le hacía mucha falta comer con cordura y comprendiendo para qué le servían los alimentos, y el otro escuchaba atentamente, cabeceando adelante y atrás y sonriéndole agradecido a la mujer. Cuando se hubo marchado, ella se acercó al que aullaba de dolor y le mandó abrir la boca, viéndole una de las muelas infectada sin remedio, y chasqueó la lengua, porque el único bien que se podía aplicar a ese mal era quitarla, y era muy doloroso, y ese hombre era muy corpulento, y ella menuda, pero, Alá así lo quería, se puso manos a la obra, sin perder más tiempo, que los berridos del hombre la ponían nerviosa. En el mismo cuenco del vino, añadió corteza de canela que adormece los dolores, hoja de tila que calma los miedos, raíz de hierba carmín que baja la inflamación y hierbabuena que le da buen sabor a la mezcla, y le dijo que tragara una parte del líquido y mantuviera en la boca la otra parte, y que cuando sintiera bajar el dolor, que levantara una mano para hacérselo notar a ella. Mientras tanto, fue a buscarse las tenazas para arrancar muelas, suspirando y rezando para que Alá le enviase fuerza suficiente para sacar esa muela y parar los golpes del hombre, que, a buen seguro, iba a sentir mucho dolor a pesar del brebaje y, para asegurarse, le ató las manos a la espalda y le mandó cerrar los ojos, para que no viera la tenaza y saliera corriendo de la casa. La extracción fue una batalla campal, y las dos mujeres no podían con el hombre y con la muela, aferrada a la encía con la misma furia con que él agitaba las piernas y pretendía sacudir la cabeza, pero al final, sudando y jadeando y amoratada de los puntapiés del hombre, Sîbawayh arrancó de cuajo la maldita muela enferma, y rápidamente le metió en la boca, tapando el agujero, un pequeño emplaste envuelto en una gasa, hecho con ortiga, flores secas de árnica y aceite de

Síbawayh

clavo, para que lo mordiera con fuerza, que le ayudaría a cicatrizar y le quitaría el dolor, aunque le daba este frasco de infusión fría de lavanda y pulsatila, porque el dolor volvería y con ese jarabe mezclado con un poco de agua o de vino si lo prefería, podría dormir hasta que ya se le fuera del todo, pero, que lo que más y mejor le haría sería lavarse todos los días la boca, con agua de apio y también de salvia, que la higiene es lo más importante y lo que previene de futuras molestias en la boca y en el cuerpo, y que era mejor cuidar antes que curar después. El hombre agradeció sinceramente el trabajo a la curandera y le pagó con una tinaja de olivas negras, que buenas le eran, y un conejo muerto en el día y limpio, que lo asarían al otro día para comer las dos como hacía tiempo que no comían.

Pronto aprenderás, hija mía, sobre todo a sacar muelas, que yo ya no estoy para tanto esfuerzo. Coge el mortero y maja los dientes de ajo que hay dentro, para ir preparando ungüentos, que siempre vienen bien para los imprevistos. Hoy espero a la pajarera, que busca un filtro para enamorar a un hombre que no se le decide, pero ay, las cosas de amores sólo están en manos de Alá, y yo en esos casos sólo puedo dar remedios para el alma, y en esto, miró a su ahijada y sonrió ampliamente, cogiéndole la cara por la barbilla y levantándosela para contemplarla, y diciéndole con cariño, tú no has de tener problemas para encontrar hombre, que tienes unos ojos hermosos y una piel bonita, y encima eres muda, que eso les gusta a muchos, y además yo te daré preparados para no caer encinta y no tener que andar luego con perejiles y vinagres para provocar las malas sangres y deshacer lo que ya se ha hecho, ah, pero esto está lejos, ahora dale al mortero que yo guardaré las olivas.

Pero la pajarera no vino, y en su lugar, apareció una esclava al servicio de la esposa principal del rey Sulaymán, agitada y con grandes prisas, que venía a buscar a la curandera, que su señor el rey se hallaba enfermo y que ninguno de los médicos acertaba con el mal, y que su señor el rey mandaba llamarla.

Cogióse en un hato los ungüentos y los elixires y los instrumentos de urgencias que solían ir bien para casi todo y hacia el palacio que partieron, corriendo. Llovía de nuevo, mala noche hacía, fría y sin luna, y esa cosa que le atenazaba la garganta y no había podido consultar a las almas de la cripta, en fin, que ya llegaban al alcázar, sobrio y desamparado, tan lejos de la vida real de Sarakusta, ah, sus piernas, ya le protestaban por la humedad, y ahora las entraban por el patio principal a la cámara del rey; no tengas miedo, muchacha, que cuando hay enfermedad el más poderoso se olvida de su poder y se iguala con el miserable, y aquí nada va a pasarte, y llegaron a los aposentos reales donde Sulaymán hecho un guiñapo, más anciano de lo que tenía que ser por la edad, yacía entre sus hijos principales, tiritando de angustia y con el gesto quebrado de dolor. Sîbawayh pidió un candil para ver de cerca el rostro del rey. El primogénito Al-Muqtadir estaba lloroso y se lo acercó él mismo, y le rogó que salvara la vida de su padre, que era preciso para la política, y ella miró a los ojos de Sulaymán y vio la sombra de la muerte que se había instalado ya en él, y en un susurro el rey le decía que su hora había llegado, tú lo sabes, adivinadora, lo has leído en mis ojos, y no me resisto, Alá así lo quiere, pero dame algo que me quite los dolores y mi alma se marchará agradecida contigo, y cuando llegue a la derecha de Alá he de enviarte parabienes y días de dicha, dejaos, rey mío Sulaymán, que bastante dicha has traído por siete años a esta ciudad blanca, y Alá me manda a compensarte por ello con una muerte dulce, y así ha de ser, y la curandera púsole sus tres dedos de la mano derecha en la parte más alta de su cabeza y al punto se tranquilizó el rey, pudiendo dar largos suspiros para recuperar el aliento. Con la otra mano extendida, Sîbawayh recorrió el rostro, el pecho y el abdomen del rey, localizando el mal en un pulmón, el cual se había extendido como las ramas de una enredadera por el resto del cuerpo y ya no iba a remitir. Nawar, mezcla en este pomo los ajos majados y esta semilla, que es lúpulo, con el agua de rosas, y agítalo muy bien y muy fuerte y luego dámelo, ojalá tuviera mirra, que es más rápida, pero con eso ya está bien, tráelo, echa en mi mano, que voy a ponerle en la frente, así, muy bien, y ahora el resto pónselo en la boca al rey bajo la lengua, que le ayudará a dar el último respiro en paz. Al-Muqtadir, ¿cuál de vosotros es? Se acercó el primogénito a su lado, yo soy. Escúchame, Alá re-

Síbawayh

clama a tu padre, grandes cambios se acercan y tú responderás dellos, el buen rey no quiere seguir viviendo y se merece respeto, y yo ahora soy su voz que me llega a la mano desde su cabeza y oigo lo que Alá le está ordenando, que tú te llamarás Pilar de la Dinastía de tu familia Banu Hud y reinarás en Sarakusta Albaida durante treinta y cinco años, ampliando sus fronteras y trayendo gran esplendor en su nombre, favoreciendo las artes y las ciencias, y que harás levantar sobre este alcázar oscuro un palacio que llamarás De La Alegría en su honor y en memoria de tu padre, que ése es su deseo, de gran belleza y hermosura, y ahora besa su mano, que así lo pide tu padre, y dile a los otros que se despidan sin llanto, para ayudarle al rey a hacer el tránsito en paz y sin impedimentos. Sulaymán se quedó dormido, con el rostro de un joven que descansa, y la sanadora se incorporó y cogió de la mano a su ahijada y sin mediar palabra, salió de los aposentos, sin esperar recompensa, ni agradecimiento, ni otro reconocimiento, diciéndole a la muchacha que caminara rápido que hacía frío, ya ves, Nawar, que igual se merece la vida que la muerte y el hombre igual para nacer que para morir necesita unas manos que le indiquen el camino, y al alba ya todos sabrán que el rey ha muerto, pero que nadie se entere que hemos estado tú y yo aquí, me oyes, nadie ha de saber que el rey me ha pedido que lo mate y yo le he obedecido.

Taleja

Monte Pindo (La Coruña)
Era 1053. Año vulgar de 1015

Taleja, la sanadora del monte Pindo y meiga porque era la séptima hija sin interposición de varón de otra reputada meiga, decidió dejar por un tiempo su casa y acercarse a Compostela, para ver lo que hubiere por allí, pues estaba cansada de mirar al mar, de sufrir el azote del viento y de que los cormoranes se le comieran las gallinas a poco que se descuidara. Además, su señora, la condesa Uzea de Finisterre, le había retirado el favor. La dama padeció fiebre alta por San Juan y no la llamó, no mandó encender una hoguera en el castillo-faro, situado frente por frente del Pindo, para requerir sus servicios, y eso le dolió sobre manera.

Por todo ello y, tal vez, por ver otro mundo, Taleja cogió un hatillo, metió una muda, saquetes de hierbas, yesca, eslabón, una vela, un pan, un trozo de queso de tetilla y una tartera llena de grelos y lacón, y partióse, con una piel resguardándose la cabeza, camino de la ciudad del Apóstol.

Iba rezongando del infame tiempo que el Señor enviaba a los habitadores del Fin del Mundo, como se llamaba de antiguo a aquella parte de la tierra, la última que había, al parecer, puesto que, después, sólo había un mar interminable, que no tenía fin y que resultaba asesino para los que se internaban en él. De que le venía poca parroquia; cierto que ningún mortal en su sano juicio se echaría al camino con semejante lluvia, que no era orvallo, no; de los cielos jarreaba desde hacía mes y medio, o más, que al principio no llevó la cuenta, hasta tal punto que, de continuar de ese modo, habrían de pudrirse las plantas todas y de

Taleja 127

ahogarse los animales domésticos, pues a ella, a Taleja, le rebosaba ya la alberca. Y también se quejaba de doña Uzea, su señora natural, que le había retirado su confianza y no había requerido sus oficios cuando sufrió calentura.

Y ya iba la meiga a devanar la madeja, a tratar de entender por qué la condesa no la había llamado, a repasar sus acciones con ella por si había cometido alguna falta, a rememorar el último remedio que le había dado no fuera que hubiera errado con él, pero no lo hizo, pues al final de la vereda, donde se deja el Pindo y se toma la vía de Cée, a un lado, o la de Muros a otro, le pareció oír gente. Le pareció, puesto que había tanta niebla, que apenas se veía.

Y sí, en efecto, aguzó el oído y constató que en el cruce de caminos había un grupo de personas, y conforme se acercaba descubrió a un hombre, a una mujer y a varios niños. Ella, como había de vender su mercancía y su talento, y como no estaban los tiempos para desperdiciar a ningún paciente, y como, por otra parte, no le corría ninguna prisa llegar a Compostela, inició su cantinela: «¡Salud os dé el buen Dios!, Taleja, la sanadora, cura por un queso: las bubas, los sarpullidos, la quemazón de las partes bajas de varón; por una gallina: la escasez de orín y el dolor de estómago; por un dinero: la fiebre, el mal de garganta, las pupas de la boca; por una manta: el mal de aire, el mal de mar y el "meigallo" o falta de vida...». Y la repitió varias veces.

La mujer del camino, una madre de familia, se abalanzó hacia ella. Taleja se hizo a un lado, evitándola, pues demasiado sabía que aquella dueña, que se le echaba encima, era una madre con un hijo enfermo de cuidado, y que, como haría cualquier otra, le iba a pedir que curara al fruto de sus entrañas por obra y gracia del Espíritu Santo, y que luego le gritaría a ella, que no tenía arte ni parte, y, si el marido no la llamaba al orden, hasta sería capaz de exigirle que se diera prisa, puesto que estaba ciega de dolor por el hijo que se le iba de este mundo.

Y sí, el marido puso sosiego. Mandó callar a la mujer y explicó a la sanadora que el niño que llevaba en brazos, un rapaciño de unos dos años o tres, no comía ni bebía, que estaba flojo y siempre adormecido.

128   *Las sanadoras*

La meiga tocó la frente de la criatura, se volvió hacia su casa y se adentró en el Pindo, sabedora de que estaba ante una urgencia. Y fue ella delante, luego los padres con el enfermito, y ya los otros rapaces, tres o cuatro, revoloteando alrededor de los mayores.

Taleja caminaba contenta, le gustaba que las madres creyeran que ella tenía en la mano la salvación de sus hijos, como si fuera una santa o la Virgen María; le satisfacía que acudieran a ella como pidiendo socorro, y a muchas no las defraudaba pues los tornaba curados, y ellas le pagaban bien, incluso le agradecían más volver a su casa con un hijo sano que con un marido sano... Ya sabía ella cuál era el padecimiento del niño, lo supo por el olor... Cierto que había de comprobarlo.

Y tal hizo, entró en su casa, dejó pasar a los padres y al enfermito, a los otros niños los envió fuera. Para Taleja que la criatura traía el mal de aire pegado en la ropa. Para curarlo, lo tendió sobre una mesa, lo desnudó, echó la ropa al aire, colocó en un plato aceite y tres hojas de laurel, lo puso en equilibrio sobre la cabeza del infante y, como las hojas se hundieron en el fondo, no le cupo duda, lo llevó a la artesa, lo metió dentro y colocó y quitó nueve veces una sábana blanca.

Pero tuvo que repetir la tarea, porque los otros niños, los sanos, los que no dejó entrar en su cabaña, la estaban molestando, ya que con sus gritos no le dejaban hacer, y advirtió a los padres que si se distraía y no rezaba las letanías oportunas, según el orden preestablecido, el niño aquejado de mal de aire no sanaría.

El padre salió de la casa y terminó con el barullo a bofetadas. Luego, cuando la meiga dio por acabado el ritual de la sábana, sacó de un talego que traía a la espalda una manta muy buena y se la entregó a Taleja, y ya se fue con todos los suyos, contento él, radiante la madre, los dos besando a su hijo, y los hijos sanos llorando, por los golpes, vaya, que seguro les saldrían abundantes moretones.

Taleja esperó a que la gente se perdiera de vista pues, acostumbrada a la soledad y a la paz del monte Pindo, no quiso ir con aquellas criaturas vocingleras. La familia desapareció al instante, había tanta niebla que no se veía más allá de dos varas.

Taleja 129

Para hacer tiempo sopesó la manta, la guardó en un arcón, comió algo y ya se dispuso a volver al camino, no sin antes mirar hacia el castillo-faro de Finisterre, que no se veía por la mucha niebla existente, y de suspirar porque doña Uzea le había retirado el favor, hecho que llevaba clavado en su corazón.

Anduvo unos pasos y regresó apresurada, se acercó a la alberca, que estaba rebosante, miró el agua y, aunque hubiera querido resistirse y no catar, pues a menudo se había hecho tal propósito, cató porque podía, porque era meiga, séptima hija sin interposición de varón de otra reputada meiga, cató en agua clara y contempló lo que le mostraba el elemento: a su señora bordando un pañito, sentada en una cátedra al amor de la chimenea, en el gran comedor del castillo y quiso la mala suerte que doña Uzea se pinchara con la aguja en aquel mismo instante y que hiciera un gesto de dolor y que Taleja lo viera, como si la tuviera delante de ella, y resultó que el pinchazo también le dolió a Taleja y hasta le salió sangre del dedo índice, como a la dama.

Taleja emprendió veloz carrera, de tal manera que iba trastabillándose, tropezando con las piedras, con peligro, pues podía torcerse un pie, jadeando por el esfuerzo, pero no paraba, no paraba, porque sabía que había hecho mal espiando a Uzea, que, salvo que se quisiera algo concreto, algo que favoreciera a alguna persona, tal como buscar a un desaparecido, no se debía catar. Que no se debía catar por satisfacer una curiosidad propia, porque ya le advirtió su madre, la anterior meiga del Pindo, que, en esas ocasiones, no se sabía quién estaba detrás del agua, si Dios o el Diablo, y que al Diablo era mejor no tentarlo.

Corría Taleja, y eso que no había aparecido el Diablo ni señal de él en el agua de su alberca, corría, deseosa, quizá, de olvidar a Uzea y de probar fortuna en otras tierras de Galicia.

Anduvo por Ezaro, durmió en Carnota en casa de una paciente que le dio cama. Ella correspondió dejándole un manojo de cola de caballo que iba bien contra el estreñimiento. En Muros curó unos lobanillos. En Nola buscó jenciana en el monte y limpió la boca llena de llagas de un hombre. En Rúa ya salían las gentes a buscarla al camino, pues se había corrido por toda la comarca que Taleja estaba por allí sanando, aliviando a pobres y a ricos, pues tenía un gran corazón y asistía por igual a los que le pagaban y a los que le dejaban a deber. Mucho trabajó la meiga en el camino de Compostela, tanto que llenó la faltriquera, que cambió en una taberna varios quesos y capones y un buen montón de enseres por dineros, para ir ligera de equipaje.

En Compostela encontró posada enseguida. Conocedora de que su fama la precedía, se nombró ser la sanadora del Pindo, y le dieron la mejor cama, un lecho con plumazo mullido y cubierto por un espléndido cobertor, propio de un rey, que destacaba entre los catres de la habitación, además le aseguraron que el cuarto estaba recién limpio de chinches y le cobraron menos.

Rápidamente, como le gustaba a ella hacer las cosas, se presentó ante los escribanos de la explanada situada entre la iglesia de Santiago y la de Antealtares y pagó porque le pintaran en un pergamino en letra gruesa que era Taleja, la sanadora del Pindo. Luego, se sentó en una esquina de la plaza y pronto se apercibió de que las gentes, los peregrinos que habían viajado millas y millas para ganarse el Cielo, no leían su cartel, que no sabían leer, por eso empezó con su sonatina: «Taleja, la sanadora del Pindo, cura las bubas, los sarpullidos, el mal de ojo, el mal de mar, el mal de muerto, la quemazón de las partes de varón... saca muelas podridas, endereza huesos...».

Las primeras personas que se le presentaron fueron los guardias del obispo, que no venían a dar, sino a pedirle tributo, un dinero por cada día que estuviere en la plaza ejerciendo su profesión. Taleja pagó para dos días, no dio más. Antes de completas había vendido ocho dracmas de hierba lombriguera para el dolor de estómago, siete de acedera para la escasez de orín, doce de argo de cuatro carreras para la fiebre y quince de veltónica para aliviar las fatigas que producen los viajes; había recetado gárgaras de vinagre para el mal de garganta y la carraspera de voz, y, en la posada, tuvo que curar un mal de muerto, dejando al doliente su medalla y haciendo un cocimiento con tres cabezas de ruda, tres dientes de ajo y un vaso de agua bendita, que alguien fue a buscar a la santa iglesia de Santiago. Y, después de cenar, todavía le esperaba una mujer extranjera, muy postrada ella, para que le quitara la melancolía.

La melancolía era cosa seria. No se curaba en un día ni en dos. No se conocía medicina que le hiciera efecto, Taleja lo tenía comprobado, el paciente necesitaba que le hablaran, que le hablara el sanador, su mujer o su marido, sus hijos, sus parientes, cuantas más personas mejor, porque de ese modo se distraía y no pensaba en lo que llevaba por dentro rondándole. Las palabras lo sacaban del muermo. El enfermo era una persona amuermada, que no tenía gana de nada, que todo, hasta abrir la boca o alzar una mano, se le hacía un mundo, por ello era preciso hablarle e interesarle por alguna cosa, aunque fuera baladí.

La mujer se despertó, movió las manos torpemente y se tocó el cuello rascándose con arrebato, como si le picara o le ahogara alguna cosa imaginaria, porque a la vista no llevaba nada. Taleja la interrogó: «¿Qué le sucede a su merced? ¿Ha sufrido alguna impresión? —preguntaba sobre la impresión porque una emoción fuerte o un disgusto inesperado pueden convertir a una persona cuerda en alunada—. ¿No? ¿Se le ha muerto algún ser querido? ¿Su merced tiene apetito...? ¿Qué vientos soplan en su país del norte o del sur? ¿Es fuerte el viento? ¿Es tierra de lluvia o de secano? ¿Su merced ha ganado ya los perdones? ¿Qué pasa que se rasca, le pica alguna cosa?». Pero la dueña no respondía, y es que no entendía nada, pues era extranjera. El marido tampoco comprendía, conocía veinte palabras de castellano y otras tantas de leonés y de gallego, totalmente insuficientes para describir los síntomas de una enfermedad.

La posadera habló de llamar a un canónigo de Santiago que supiera alemán. La concurrencia, que era mucha, en realidad todos los hospedados, se echó a reír. La dueña explicó que en aquella iglesia los canonjes confesaban en diez idiomas distintos, dejando pasmado al personal, y más de uno se hizo lenguas de que la ciudad fuera una Babel. De entre los curiosos salió un germano que se ofreció de intérprete. Taleja respiró con alivio y preguntó al hombre. El hombre tradujo al marido de la enferma.

Y se entendieron, entre otras cosas porque en Compostela se entendían todas las gentes, hacían un esfuerzo los vecinos, los yentes y los vinientes; y se entendían. La sanadora, oyendo lo que le contaban del viaje, de cómo, en la cima del puerto del

Cebrero, una salamandra rondó a la mujer, a la mujer y a los demás del grupo, y la siguió o los siguió un día entero llevando el mismo paso que ellos e impresionando sobre manera a la dueña, comprendió al punto: su paciente no padecía melancolía, había visto una salamandra verdinegra y ésta le había transmitido su ponzoña, dejándosela en el cuello, de ahí la picazón. Y se puso a actuar con calma, con serenidad, prácticamente en soledad, pues que la concurrencia, en cuanto oyó mentar a la maldita alimaña, se retiró. Y, además, como era meiga, no tuvo miedo.

Como había hecho otras veces, preparó un vaso de vinagre y unas hojas de perejil, vertió todo en un paño, rodeó con él el cuello de la enferma y cortó el aire, la mala sombra de la salamandra. Al día siguiente la teutona estaba curada, riendo y comiendo con apetito. Pese a su éxito, Taleja le recomendó que fuera al santuario de San Andrés de Teixido a postrarse ante su bendita imagen, aunque no era gallega, aunque como no era gallega no tuviera que ir de viva ni de muerta, que fuera, sencillamente, para darle las gracias, pues que ella, antes de proceder, se había encomendado al santo, y para que la guardara de las ponzoñas del camino de regreso, tan largo como era.

Con tanto gentío, con tanta parroquia como tenía, pagando al obispo un dinero diario y ganando treinta, Taleja hubiera hecho una enorme fortuna en Compostela, pero regresó a su tierra porque se presentaron en la explanada entre Santiago y Antealtares otras meigas de gran valía a hacerle competencia, a menguarle la ganancia, a quitarle su sitio, pues había de porfiar por él, y no le importó volver a su casa pues le entró morriña por su mar, por su cielo y por la señora Uzea, a quien tenía abandonada, eso se dijo, y no reprimió sus sentimientos puesto que, allá en el monte Pindo, frente por frente del promontorio de Finisterre, en el Fin del Mundo, ella tenía su casa, su niebla y su lluvia sin que nadie se las disputara, y enfrente estaba Uzea con su niebla, con su lluvia y con todo lo demás que tenía, que era mucho: toda la tierra que se veía y mucha de la que no se veía. Y se fue contenta porque allí tenía su vida, y muy cerca a doña Uzea, que podía necesitarla en cualquier momento.

LAS INTELECTUALES

WALLADA LA OMEYA

Poetisa y artista
Córdoba. Años 416 y ss. de la Hégira

Wallada contaba con trece años, y ya era célebre como princesa culta que gustaba de hacer poesía, y eran conocidos sus poemas ágiles de forma y atrevidos. Contrariamente a su desafortunado padre, el cual había huido vergonzosamente de Córdoba disfrazado de esclava palaciega, la princesa era valiente y rápida de reflejos, inteligente, sensible y exquisita en los detalles, y por si algo más le faltara, Wallada era bella como un pecado. Adornábase su bello rostro de mejillas sonrosadas como flores silvestres, con unos ojos negros de expresividad hiriente, boca de labios como fruta madura y mandíbulas firmes, finas y rectas que denotaban la decisión de su carácter. Su cuerpo de gacela fue codiciado por altos príncipes y gobernadores que visitaron el palacio de su padre, el califa Al-Mustakfi durante su reinado, pero Wallada no permitió ser entregada a ninguno de ellos. Su cabello negro le llegaba a la cintura, leve como un suspiro, y al danzar, su cuerpo se cimbreaba como las espigas, pareciendo que fuera posible quebrarse de tan atrevidos sus movimientos. Su piel tenía el tacto de los pétalos de las rosas de que tanto gustaba la joven, sus brazos parecían palomas en vuelo y movía graciosamente sus caderas al andar, al modo de las bellas esclavas que ella había visto llegar desde Damasco.

Wallada fue educada directamente por su madre, la esclava Amin'am que había sido formada en la Escuela de Cantoras de Medina, y de una esclava más vieja, su ama negra Safia, experta en las artes de la escritura y la gramática y encargada de leer el

Corán a los hijos más pequeños de su señor califa, recibió Wallada gran sabiduría en la formación de poemas, en gramática y en historia, además de ciencia en la manera en que una mujer puede dirigir sus asuntos y los de los demás, pues gustaba de describir la vida de los matriarcados de las tribus del norte de África, tan cercano, y de donde procedían algunas de las mujeres del harén, destinadas a las tareas de la administración de las cocinas, almacenes e intendencia de palacio, y que a pesar de no ser cargos principales, sí que eran importantes.

Tal sabiduría absorbió Wallada, a la que Alá, siempre grande, añadió un ingenio temprano y una frescura inusuales en una mujer y además tan joven, que no quiso someter su carácter al recato exigido en las ricas herederas, aunque por ello fuera ya, tempranamente, criticada. A gala tenía poner a prueba su coraje, como así lo hiciera durante toda su vida, y así lo demostró una vez que sus derechos como princesa le fueron suprimidos.

Contaba diecisiete años cuando decidió salir del harén de las vírgenes de buena familia, negociando con el sucesor de su padre, el último omeya Hissam III al-Mu'tadd, la renuncia a su título y a la mayor parte de su herencia real, a cambio de llevarse consigo seis de las esclavas cantoras más reputadas de palacio, dos de ellas, además, versadas en medicina y geografía, y una ama que bien ejercía de mandamasa de cocineras, lavanderas y aguadoras, y que bien le hubo después de servir como alcahueta para llevar y traer mensajes escritos a principales cordobeses que requirieron su consejo o consideración.

Wallada, tan pronto se vio libre de las ataduras de su rango, dio todavía más que hablar a la ciudad de Córdoba, pues ostentó con gallardía su desprecio por las conveniencias, rechazando el velo para cubrir la mitad de su rostro, impuesto por las normas de la decencia en la mujer, y se permitió ceñir su hermoso busto con cintas y sedas y pañuelos pintados que realzaban su belleza y también dieron lugar a numerosas habladurías sobre su particular manera de desenvolverse y su moral libertina.

Buscó casa habitable en una de las plazas más centrales y concurridas de Córdoba que pagó con parte de las joyas de su propiedad, abrió salón literario y otorgó a sus esclavas la condición de libres tratándolas de igual a igual, y dándoles derecho a participar en los beneficios una vez éstos empezaran a producirse, cosa que no iba a tardar.

Dispuso un salón público para reuniones cultas en el patio interior de la casa, bellamente construida aunque antigua, pero que ganó en gracia y encanto una vez Wallada hubo dispuesto sus detalles, adornándola con delicados tejidos de lino de Zaragoza y las buscadas pieles de comadreja y ardilla que tan cálidas resultaban, con ámbares de hechura perfecta, platas labradas y cobres de los más sólidos, cristales coloreados, esculturas, alfombras y espejos. Hizo traer, Alá sabe cómo, marfiles orientales, piezas de cerámica de Bizancio y sedas y otras telas raras de Bagdad; contrató los servicios de finísimos pintores de la corte que simulaban los frescos de palacio que ella conocía tan bien, y los dirigió minuciosamente, hasta que hubo recreado en las paredes del patio de su salón el ambiente palaciego y rico que pretendía, y que sabía complacía al espíritu tanto como una buena comida. Encargó balaustradas de filigrana y celosías de yeso con motivos florales a los artesanos más reputados y adquirió lámparas y los mejores aceites aromáticos que expelían esencias embriagadoras en su combustión.

El patio estaba rodeado por galerías cuyas columnas eran de mármol y sostenían el techo. Wallada hizo instalar una alberca octogonal en el centro del patio y un surtidor, el más bello que se pudo esculpir, con una ninfa sonriente que surgía de las aguas, inspirada en la propia Wallada. Las habitaciones, situadas en el piso superior, eran también elegantes y bien dispuestas, con todo lo necesario para veladas íntimas y apartadas de la algarabía y de la música de los invitados del patio, con cojines y telas brocadas y copas de cobre y de plata y velas y lámparas de exquisito y refinado gusto, elegido todo ello por Wallada, y según el ambiente que quisiera sugerir. A ellas se accedía a través de una estrecha escalera de peldaños empinados situada en una esquina del patio. Las ventanas, protegidas por celosías tras las que en las horas de descanso las cantoras del salón de Wallada observaban pasar los bellos jóvenes de Córdoba, daban a la plaza, donde había bullicio y trajín de gentes casi de continuo.

Ya por fin, encargó, para dotar de discreción a las varias cámaras que rodeaban la parte posterior del patio, velos a las tejedoras más hábiles de Córdoba, consiguiendo las más finas y etéreas sedas de colores que imitaban las nubes en el atardecer de verano, y a todos ellos pagó, a pintores, artesanos, plateros, costureras, tejedores, ebanistas, forjadores y talladores, con joyas, con cantos, con poemas de amor para conquistar amantes, con veladas gratuitas, o con sonrisas.

No contenta con todo y tanto, acudió al mercado de esclavos varones y adquirió con el resto de joyas que conservaba, varios efebos bien dispuestos, jóvenes y bellos, a los que instruyó en el arte de escanciar licores y portar el agua, servir copas y platos, distinguir entre perfumes y bebidas espirituosas, encender los inciensos y sonreír con dulzura, pues pretendía Wallada que en su salón encontraran disfrute todos aquellos que llegasen, por cualquier mano que deseasen ser atendidos. Luego contrató tres eunucos que guardaran y protegieran la casa y seleccionaran a los más refinados de entre aquellos que pretendiesen entrar, y cobrasen el precio estipulado.

Tal fue el movimiento que desplegó, que toda Córdoba se enteró, se escandalizó, murmuró, criticó y rondó las cercanías de la casa de Wallada, tachándola de desvergonzada y de carecer del decoro propio de su nobleza.

Y por fin y siguiendo la moda del momento, mandó grabar sobre el umbral de la puerta la siguiente inscripción: «Ésta es la casa del amante de la poesía, que Alá sea con él». Y también, al modo de otros nobles elegantes, prestó la piel de sus hombros cual narcisos, para tatuar bellamente escrito en ellos: «Estoy hecha por Dios para la gloria, y camino orgullosa, mi propio destino». Esto, en el hombro derecho, y luego en el izquierdo este otro verso: «Doy poder a mi amante si descansa sobre mi mejilla y mis besos otorgo a quien los desea». Lo cual procuró todavía más habladurías.

No pocos días de escasez, sin embargo, soportó en el primer tiempo Wallada, y más de una noche pasó sin probar bocado, aunque no faltara el perfume de almizcle en su cámara. Pero Wallada y el resto de las mujeres de la casa resistieron haciendo acopio de valentía y coraje y no deteniéndose ante los malos au-

Wallada la omeya 139

gurios que pretendían algunos, y en menos de un año, el salón literario de la princesa Wallada era el más famoso conocido en Córdoba la grande y rica, y aun fuera della, donde Wallada resaltaba por su cultura, su belleza y su encanto, sus excepcionales dotes para la conversación y su exquisito trato. Las reuniones se nutrieron de los poetas, los literatos, los políticos, los gramáticos, los médicos, los filósofos y los intelectuales más importantes de su época, que buscaban la agradable compañía de la princesa y la elevada calidad de las veladas organizadas por ella, en las que solía disertar sobre ciencias de la vida, o recitar poemas y cuentos rimados que tanto gustan a los hombres, o cantar armoniosamente con su voz cautivadora cual la brisa de la noche entre los palmerales, o improvisar dísticos y coplas y rimas atrevidas de forma, retando a otros poetas a seguirla, y siempre brillando como la luna llena que hubiese descendido del cielo.

En el salón literario de Wallada se escribieron versos, discursos y teorías, igual que se conversó de filosofía o de medicina o de historia y se instauraron modas y estilos de hacer y costumbres que luego eran repetidas por toda Córdoba; igual se habló en secreto de magia y astronomía que se lloró por las ruinas del esplendoroso palacio de Medina al-Zahra, que Alá sea misericordioso, e igual que se gozaron placeres refinados para la mente y el cuerpo, se conspiró y se decidió política y se acordaron asuntos importantes que a la ciudad afectaban, y de todo ello, o de casi todo, aunque Alá es el que todo lo sabe, se enteraba el pueblo llano al alba, y así, las opiniones y las confidencias, los nuevos poemas y otros cuentos, corrían de boca en boca por los mercados y las plazas como las flores y el vino la noche anterior en casa de Wallada, y, por tanta fama y tanto prestigio que alcanzó su salón y más, pronto ella pudo prescindir del cobro previo a la entrada, pues la riqueza de Wallada aumentaba con los regalos de sus invitados, las donaciones de algunos, las generosas contribuciones de otros, los privilegios otorgados por aquí y los pagos de tasas perdonados por acullá, así que tuvo la gallardía de permitir la entrada libre a sus veladas literarias a todo aquel intelectual que de tal se preciase, a cambio de lo que él quisiera entregar, aportar u obsequiar.

Wallada aceptó hijas de hombres ilustres como alumnas, a las que instruyó en el arte de componer versos, enseñándoles los secretos de las rimas improvisadas, la música interna del poema y las moaxajas, y los estribillos de muchas dellas se llegaron a cantar como coplas en romance por las calles de Córdoba, acrecentando la fama de la princesa poeta, que a pesar de las habladurías, nunca fue deshonesta, Alá bien lo sabe, y quienes la conocieron mucho la admiraron por su discrección, esto es, que nunca fue libertina, y aunque tuvo cuantos amantes quiso, no hizo alarde obsceno de sus amores. Lo que sí hizo fue vanagloriarse de su libertad de mujer, y eso, seguramente, fue lo que atrajo las críticas de los muchos que hablaron mal de ella, Alá los haya perdonado.

Una vez en cada estación del año, Wallada realizaba una visita al zoco, con sus compañeras cantoras y con sus eunucos, pues gustaba de ver las novedades que con el cambio de temporada se traían al mercado desde otras regiones, y en un verano de apretada canícula se dejó deslumbrar por la graciosa Muhya, hija de un vendedor ambulante de higos. La muchacha era de una belleza extraordinaria, grácil de movimientos como una gacela y de piel delicada a pesar de su origen plebeyo. Wallada, prendada, llevó a Muhya con ella a su casa y la educó enseñándole su arte y sapiencia, la hizo poetisa, le mostró los secretos del disfrute en lo refinado y volcó en ella su afán amándola de corazón. Muhya era descarada y de lengua fácil, y a pesar de los ricos vestidos que le regaló Wallada, nunca abandonó cierto aire de bailarina de caminos, lo que la hacía todavía más deseable a los ojos de los políticos y dignatarios de la corte que visitaban el salón. Hasta que la muchacha se marchó de casa de su maestra, conquistada por un visir de Sevilla asiduo a sus veladas intelectuales, que se había enamorado y le había pedido que lo acompañara a la munya rodeada de grandes jardines de su propiedad donde sería su reina y señora, y la muchacha había aceptado, las dos mujeres fueron inseparables, y siempre recordó la princesa aquel tiempo con añoranza, a pesar del dolor por su partida.

Fueron invitados de la princesa, que Alá todopoderoso guarde, importantes pensadores, como Ibn Hazm, por siempre bienamado, que juró no haber conocido en su vida otra hembra más real y brillante que la princesa Wallada, y ya para entonces había concluido su tratado sobre el amor y los amantes conocido como «El collar de la paloma», críticos como el grande Ibn Rasiq, que Alá recuerde, cuando era joven y ya hablaba fervientemente de sus investigaciones de arte poético, el adusto Ibn Bassam, también grande, que consideraba fútiles y engañosos los relatos poéticos, y su oponente, el sereno Ibn Suhayd, por siempre a la derecha de Alá, que defendía las dotes naturales del poeta y su derecho a componer versos aun sin ser comprendidos por el público. Y otros muchos hubieron que gozaban de la compañía de Wallada, entre científicos, juristas, doctores en medicina, príncipes, chambelanes, embajadores e incluso astrólogos, y juntábanse en una velada hasta sesenta y más, igual cordobeses que venidos de Sevilla, para disfrutar de los placeres en el salón de la princesa poetisa.

En las sesiones literarias corrían el vino y los licores de mano en mano servidos por los coperos, efebos esbeltos y amables delicados como ciervas, que acudían solícitos a llenar las copas vacías, mientras otros hacían circular las bandejas bellamente dispuestas con manjares acompañando las libaciones del vino, escogidos entre lo más exquisito al paladar, como las peras y manzanas de la Alpujarra, las almendras de Denia, las granadas y los melocotones de Málaga, los higos de Almuñécar y las cerezas de Granada, además de pollos, pichones, conejos y carne de cabra cocinados con esmero y bien aderezados con especias, alcachofas, habas, castañas y frutas secas; no faltaban la carne de membrillo, los dulces, los pasteles de queso y los pasteles con azafrán de Toledo, tan refinado, ni el reputado queso de oveja de Dalaya. Los presentes comían, bebían, hablaban, recitaban, reían, seguían hablando y debatiendo, formándose gran algarabía de intercambio de opiniones, y voces, y versos recitados, y aclamaciones y cantos. Además estaban los músicos, que tocaban suavemente para alegrar el ánimo mientras comían los invitados, y luego pasaban a acompañar las *rissalas,* las recitaciones, los panegíricos, los relatos, los versos improvisados, las alegorías, los poemas ascéticos, los cantos de amor y de guerra, las sátiras en verso, las elegías y los debates rimados a los postres, según eran solicitados. Había un bello flautista que tocaba una flauta con dos tubos, muy requerido, y otro que sabía por igual sacar delicada música del laúd y la mandolina, y estaban los que tocaban el tamboril, la chirimía y la trompa. Las otras mujeres de la casa y las esclavas cantoras de Wallada se ocupaban de amenizar la conversación y alegrar con su compañía, ofrecían los cofrecillos de marfil con mondadientes aromatizados en su interior, esparcían aquí y allá los manojos de mirtos, las rosas blancas, los nardos, la genciana olorosa, las margaritas y las azucenas, y entonaban cautivadoras canciones que permitían el sosiego del ánimo y lo disponían para continuar sin esfuerzo la velada hasta bien entrada la madrugada, igual que podían jugar al ajedrez con sus invitados, o repetir las casidas de Wallada, aprendidas de memoria. Ella observaba el devenir de la velada, atenta al mínimo detalle y, sin embargo, haciendo gala de tal sabiduría en el arte de disfrutar del momento, que parecía ser una invitada como los otros, aunque la más espléndida sin duda, Alá no se sienta ofendido.

En una de esas largas libaciones nocturnas Wallada conoció al famoso poeta Ibn Zaydun, esmerado y distinguido, ya célebre entonces por sus poemas y sobre todo, porque ocupaba cargo importante en la administración política de Córdoba. Siendo él mismo osado, y sabido de la destreza verbal de la princesa omeya, pretendió poner a prueba su ingenio provocando sus respuestas rimadas. Cuentan los presentes, Alá sea bienamado, que se entabló un duelo dialéctico sin precedentes y que durante muchas horas y hasta muy entrada la mañana del día siguiente, continuaron recitando poemas y lanzando dísticos y rimas para que el otro contestara, y comenzando estribillos y haciendo gala de saberes poéticos y literarios, componiendo burlas y comparaciones, utilizando hipérboles desmesuradas, citando grandes obras de poetas anteriores, loado sea Alá, y despertando, con sus respectivas agilidades, las pasiones de los que escuchaban, jaleando unos a Ibn Zaydun, que prefería las odas, los poemas laudatorios, los proverbios, la erudición en la expresión y las descripciones de los cielos y los jardines, partidarios otros de Wallada, que defendía el verbo natural y espontáneo de las emociones, la armoniosa composición poética, la claridad, la simplicidad del lenguaje y la fuerza lírica. Corría destellante el vino, se alzaban gritos de júbilo, y vítores, y loores a Alá todopoderoso tras las intervenciones de los contendientes, tanto más brillantes cuanto más avanzaba la madrugada.

Con los ánimos desbordados, los defensores de uno y otra gritaban entre ellos, discutían, proponían temas, lanzaban más retos, apostaban, se conjuraban y bebían más vino, acompañado de dulces y frutas escarchadas. Veinticinco partidarios de Ibn Zaydun y otros veinticinco de Wallada, más sus esclavas, sus administradoras, sus eunucos y sus músicos, que añadían con picardía a la velada más juicios y comentarios provocadores, todos hablando y gritando y riendo, en favor de uno y otra, formaron una algazara sin precedentes, hasta que no resultando perdedor ninguno dellos, los resolvieron como ganadores a los dos, para poder dar por acabada la velada e irse a dormir, pero cuentan también, y nombran a Alá por testigo que, en la refriega poética, Wallada e Ibn Zaydun se habían enamorado perdidamente y como adolescentes.

Así fue que Ibn Zaydun, que rondaba la treintena, y Wallada, que contaba veintiuno, se entregaron a la pasión imprevista, viviendo la más grande y ardorosa vehemencia amorosa entrambos y sirviendo de más comentarios entre las gentes; componiéndose mutuamente bellísimos poemas de amor, para gloria de Alá, que intercambiaban en billetes escritos donde se citaban, se prometían veladas interminables, se juraban hechizados, se echaban de menos, se daban consejos, se comparaban mutuamente a la luna y al sol, o al nenúfar o a la flor de enredadera, se pedían respuesta, caían en la melancolía o cantaban con jubilosa alegría, recordaban las delicias de la cita de la noche anterior, se deleitaban con los versos del otro y se dedicaban las palabras más hermosas encontradas. Wallada acentuó su discreción no tomando en su lecho a ningún otro hombre, y si bien su amor por Ibn Zaydun era profundo y auténtico, el hecho de ser amantes renovó la fama de su salón literario y atrajo todavía más visitantes a sus veladas, que sabedores de los amores pasionales entre los dos tan grandes poetas, acudían para observar los movimientos de una y otro, descubrirlos en miradas cómplices de sus fantasías y escuchar los poemas que se entrecruzaban dedicados a su amor.

—Oh, gemela de la luna, llena de luz y de nobleza, eres una suave brisa que penetra en los corazones —cantaba el poeta a la princesa.

—Siento un amor por ti, que si los astros lo supiesen, al sol impediría su brillo, y a las estrellas mantendría ocultas y en silencio —expresaba ella, henchida de felicidad y orgullosa de que el eco de sus amores recorriese los caminos y las ciudades de Al-Ándalus de boca en boca, en coplas, en poemas y en romances que unos y otros contábanse admirados.

Una tarde aciaga en que Wallada regresaba de los baños acompañada de sus servidoras, acicalada y hermosa como era su costumbre, descubrió, para su desdicha, la torpe traición de su amante, quien se había encaprichado de los encantos de una esclava mulata de Wallada, lo que provocó la violenta reacción del orgullo de la princesa, sintiéndose profundamente humillada en su amor y en su condición regia. Dolorida, pero sin un ápice de duda, abandonó fulminantemente a su amante, porque, ya lo dice Alá, la dignidad de hembra entera sólo habla una vez. Wallada prohibió la entrada del traidor en su casa y pasó a satirizar encarnizadamente y en público al antiguo inspirador de sus poemas amorosos, escribiendo ahora para él duros versos donde expresaba su desdén y su desprecio sin tregua. Aunque Ibn Zaydun, que Alá se haya apiadado de su infortunio, arrepentido, pretendió volver junto a su amada intentando conseguir el perdón de la princesa y rogándole clemencia y llamando a su puerta con desesperación, no logró jamás que ella volviera a mirarlo al rostro, y se dice que más que rabia o rencor contra él, Wallada sentía desprecio y un tanto de lástima por aquel hombre que no supo disfrutar de su buena suerte, puesto que tan torpe conducta sólo podía deberse a quien no se cree merecedor de la fortuna de ser amado por mujer de semejante talla y precisa, sin embargo, de perderla, para cumplir con el fracaso al que viene destinado.

Wallada la omeya   145

Ibn Zaydun, y ya para siempre, siguió escribiendo a la princesa Wallada poemas llenos de lamentos amorosos y melancolías y ruegos y súplicas de perdón y delirios de abandono imposible de resistir y otros versos de dolor de amante, que resultan de gran belleza al entendimiento, pero que en nada enternecieron el corazón desengañado de Wallada. La princesa cerró el salón literario y puso escuela para instruir a jóvenes de buena casa en las artes del refinamiento, las costumbres elegantes, el cultivo del espíritu y su adiestramiento en poesía y música, y pidió al visir Ibn Abdus, su protector, el destierro para Ibn Zaydun fuera de los límites de Córdoba. El visir, enamorado de Wallada y amparado por las diferencias políticas entre él y el poeta y por lo difícil de la situación social, se apresuró a complacer a Wallada, con lo cual, Ibn Zaydun obligado a partir y viajar a otras tierras, nunca volvió a verla ni a tener contacto con ella, ni conoció a la hija de ambos, y quizá ni llegó a saber de su existencia.

Wallada ya nunca jamás nombró a Ibn Zaydun, ocultando su despecho y aun olvidando que una vez lo había amado para olvidar que seguía amándolo. Pero ni una palabra de amor salió ya de su boca. Se convirtió en maestra de reputado prestigio aunque rechazó lujos que ya no le interesaban, conservó escasas amistades, continuó sin hacer caso de habladurías y despreciando las conveniencias oficiales y siguió bajo la protección del visir, aunque nunca casó con él, hasta su muerte en el año 484 de la Hégira, a la edad de ochenta y sin perder su entereza, su orgullo, su prestancia y su dignidad de princesa.

También dicen, aunque Alá lo sabe todo, que Wallada conservó una belleza misteriosa que con el tiempo se tornó en serena sabiduría y hermosura anidada en sus ojos y en su voz, y que con el tiempo, nuevos y jóvenes poetas la cantaron y la amaron platónicamente y la celebraron y la admiraron embelesados por su historia y su poesía y su arrojo, aunque ella nunca aceptó sus requiebros, y que aun en la madurez y en la vejez, el movimiento de su cuerpo poseía la cadencia propia de las gacelas graciosas y el movimiento de los tallos de las rosas en el jardín. No diré, a la luz de la misma luna que tantas veces acompañara las soledades de Wallada, no diré que ella no hubiera querido otra vida, pero Alá le concedió el privilegio de otorgar fama y orgullo a la grande ciudad de Córdoba, más allá de sus lejanas fronteras, y ella no pudo negarse a su destino.

Ésa fue Wallada la omeya.

ENDE

Pintora
Monasterio de Távara (Zamora)
Era 1013. Año vulgar de 975

Pues no es de razón, Munia, que me vine yo a estas tierras de Távara, le di a la abadesa todo lo mío para siempre jamás e me puse a la pintura... Si pinté libros para mí en nuestro castillo, bien podría hacerme cargo yo sola del *Beato,* digo, e no que me han puesto a este Emeterio, que me dice si he de usar el rojo o el amarillo e si he de poner azul el arca de Noé, e no, Munia, que los barcos no son azules, salvo que el artista los quiera hacer dese color... Ítem más, que le he dicho a la priora que no he de querer un cuarto de los que pague el canónigo de Gerona por el libro... A mí que nos dé la señora casa e posada hasta que nos muramos las dos, e luego enterramiento en el claustro, e me daré por contenta... Sabe, amiga, que he comprado caro el sustento de nuestros últimos días e nuestra sepultura, pues a la abadesa le he dado todo lo mío, todo lo que me dejó mi buen padre, descanse en paz, e lo de mi difunto marido, descanse en paz también mi esposo, que es mucho, mucho, más de lo que le podría dar cualquiera condesa destos reinos, porque no he sido gastadora, Munia... Pero va, y el abad, de acuerdo con la priora, me pone delante a este Emeterio, que fue discípulo de Magio et es un gran pintor, en efecto, pero yo también, pues me está quedando la pintura a satisfacción Munia. Et he de luchar con él, con Emeterio e con los que con Emeterio están, porque tú creerás que en el escritorio del convento todo es silencio, pues no Munia, no, aquello es una jaula de grillos. Todos son frailes, yo soy la única mujer, e todos opinan de mi tarea... Me dicen, Munia, que una lega que entra en un monasterio ha de aceptar las costumbres de la casa, e que en esta casa, tanto en la de mujeres como en la de hombres, es como si no hubiera individuos, como si todos fuéramos uno. Que, aunque uno maneje la pluma, es como si la guiaran todos, puesto que, sencillamente, están las tareas divididas, e uno teje, otro pinta, e otro prepara los pigmentos para las tintas, e otro escribe, et el resultado es de todos, como si lo hubiéramos hecho todos, Munia, e que el autor no debe vanagloriarse de su obra, e que hasta firmar el trabajo es vano, ya que me aseguran que estamos en este mundo para gloriar al Criador e que el individuo está de paso. Que sólo si Dios quiere quedará mi *Beato* para los tiempos venideros, que lo haga bien, lo mejor posible, et amén, que el Señor me lo premiará en la otra vida. Yo contesto, Munia, que no creo que el Señor tenga tiempo para reparar en mi códice e que, aunque tuviera un instante, no lo miraría puesto que tendrá cosas más importantes que hacer, e que no se molestará porque firme... Lo firmaré, Munia, pondré mi nombre en él... Emeterio también lo hace, lo ha hecho con otros trabajos... A Emeterio no le dicen nada los demás. A mí sí, me vienen a la mesa e opinan... Es aquello un ir e venir... No paran quietos, a veces, me marean... E no me puedo quejar a la abadesa, si tal hago me dirá que demasiado consiguió con que el abad Domingo me dejara entrar en el escritorio, e razón lleva pues tuvo que porfiar con él... Munia, ¿te has dormido ya?

—No señora, te escucho atentamente...

—Bien, bien. Es que dicen que miniar un códice es cosa de hombres. Yo respondo que no hay tarea más femenina... Es como si cosieras, pero que, en vez de aguja, utilizas el cálamo, que estás sentada en una silla, apoyada en una mesa, trajinando con los colores, pero no me hacen caso... Es que tienen en poco a la mujer... Es como si el arte hubiera sido inventado para que lo realizaran los hombres, excluyéndonos a nosotras... E nada dijo Dios Nuestro Señor de semejante cosa, que yo sepa. ¿Conoces tú algún párrafo de los Santos Evangelios que hable de las artes?

—No señora, no.

—Pues eso, Munia, si no están las artes en los mandamientos ni en los pecados capitales, nada dijo dellas el Señor, en conse-

Ende

cuencia, no son para hombre ni para mujer, son para quien las practique sin hacer mal, naturalmente... E yo lo glorifico a Él en este libro... E me dejé los ojos en la página 185 vuelta, en el laberinto de palabras, pues tuve que pintar mucho cuadradito pequeño, mucha tabla de ajedrez... ¡la vista perdí en aquella página!...

—Deberá su merced tener cuidado.

—¡Claro! Es lo que me digo, Munia... por eso les hice arrimar más las mesas al ventano, e me costó una porfía conseguirlo. Para ello tuve que enojarme con Emeterio, el primero, e luego con los demás, con los que venían a dar su razón sin que nadie los llamara, por eso que dicen que todos somos uno, e opinan cuando deben e cuando no deben... ¿Te cansas ya, Munia?

—¿Su merced tiene sueño?

—¡No, no! ¡No he de dormirme! ¡No duermo!

—Ay, mi pobre señora...

—No duermo desde que pinté a la prostituta de Babilonia montada en el caballo... Desde entonces, desde la página 63 verso, la tengo asentada en la cabeza... Emeterio no la quiso, me la pasó a mí, para mí la babilonia, para él la Crucifixión del Señor... e otra vez habré de recrearla montada sobre el dragón de siete cabezas, porque él se negará... Ya ves e, como no he tratado en mi vida con putas sabidas, me da reparo dibujar y colorear a la babilonia, que era hembra pública. Si la vieras, Munia, con la copa de los placeres en la mano tentando a los hombres... Emeterio dice que, nada más imaginarla, peca sin quererlo, que la pinte yo, que no cometo pecado, pues soy fémina... Así me la traspasó la vez pasada... Tomé el encargo por evitarle el pecado, traté de que comprendiera que no era real sino una estampa que no tenía relieves, ni bultos, pero él no aceptó. Yo no sé si sería verdadero el razonamiento de Emeterio o si me engañó, si me fue con esa añagaza, o si tanto le incomodaba la lámina, el caso es que me dio pena e que no le vi ningún peligro a la babilonia pero, de un tiempo acá, sueño con ella... Bien lo sabes tú, Munia, que no te dejo dormir...

—No te preocupes, la señora, que estoy para servirte en lo que sea menester...

150

Las intelectuales

—Ay, hija, no te puedes imaginar a la babilonia con la cara llena de libido...

—¿Con qué?

—Con la cara llena de libido... con un rubor en las mejillas que llama al mal, con los labios entreabiertos... Pese a que rezo mis oraciones todas las noches, ¿cómo he de dormir habiéndola pintado? Pienso en ella e me vienen escalofríos... Si no la has visto, no puedes entender cómo una imagen causa tales perturbaciones... Claro que yo no podía desamparar al hombre e dejarlo pecar conscientemente. ¿Qué clase de cristiana hubiera sido? Por eso pinté a la babilonia con aplicación e sin rechistar... No iba a permitir que Emeterio vaya derecho al infierno cuando Dios lo llame... Llegué a un trato con él: «Para mí la puta sabida y la página siguiente entera sin que tú pongas ni quites ni critiques, para ti la Crucifixión»... El hombre me lo agradeció, cumplió con el trueque e me felicitó incluso, ya te conté en su momento... Lo que no imaginé es que la puta sabida me perturbara e me impidiera dormir... Claro que no sé si es ella o el dragón, pues pienso en el bicho e me viene sofoco, ¿duermes, Munia?

—No señora...

—Dirás que tienes un ama muy parlotera... Pues sí..., empiezo e no termino... Es miedo, diría que tengo miedo. ¿Dónde está la bacina, Munia, voy a orinar, debajo de tu cama o de la mía?

—Debajo de tu cama, señora, espera, ya enciendo la vela...

—Deja, deja, que cuesta mucho que prenda el eslabón... Las monjas desaguan a oscuras... Nosotras vivimos en un convento et hemos de hacer lo mismo que ellas. Ay, ay... No sé si son los años, pero para mí que orino mucho.

—No. Yo he hecho dos veces desde que empezaste tu plática, señora Ende.

—Yo una. Ésta es la primera. Lo malo es que no me puedo dormir...

—Deberías probar, señoría, a estarte un poco callada, e no alces la voz, que la monja que tenemos vecina se quejará a la abadesa.

Ende 151

−¡Ah, no, los muros son muy gruesos, además la dueña está muy sorda e vieja!

−Mañana, señora, antes de acostarte, te haré un cocimiento de melisa e valeriana para que descanse...

−Quizá sea lo mejor, pues tengo la cabeza muy revuelta... Cargas la mano en la melisa, Munia, me hará bien, tendré plácidos sueños en vez de estas pesadillas de la babilonia e del dragón... Ya me aseguró mi madre que los libros resultan a la larga perturbadores, tanto más para mí que los ilumino, e nunca quiso que aprendiera a leer, aunque no seguí su criterio, y llevaba razón porque no me dejan vivir... Estoy como alocada, hija... Perdiendo el seso, quizás... Et es que me vuelvo parlotera, lo que no he hablado en toda mi vida, he de hacerlo tendida en el lecho e con la candela apagada...

A la noche siguiente, la dama Ende ingirió un cocimiento para dormir preparado por su aya, la anciana Munia, pero no le hizo efecto pues habló y habló, incluso me pareció más alborotada que ayer:

−Si no le hubiera mirado a Emeterio a los ojos, lo digo todo... A punto he estado de echarme a reír, casi estallo en carcajadas... Lo que te digo, hija... Me enseña el fraile la estampa de la Crucifixión ya terminada e lo veo al instante: Emeterio se ha confundido... Dimas, el buen ladrón, está a la siniestra, además lo ha llamado Limas y no Dimas, su nombre verdadero, el diablo lo azuza, et eso que es un hombre bueno que va a alcanzar la salvación; Gestas, el mal ladrón, está a la diestra... Emeterio se ha confundido, Munia... Me miró a los ojos, como implorante, pues si cunde el hecho de la confusión se va al traste su buena fama et el maestro Magio es capaz de levantarse de su tumba, e yo guardé silencio... Fue un silencio espeso... Me quedé con la boca abierta, sin poder articular palabra o, tal vez, el Señor me negó las palabras... Mejor, porque de otro modo lo hubiera dicho todo, hubiera gritado que los ladrones estaban mal puestos, Dimas, que no Limas, ocupando el lugar de Gestas, e viceversa... E se hubieran enterado monjas e frailes, et a esta hora el hecho sería la comidilla del convento... Es grave, muy grave lo que ha hecho Emeterio, debió dejar todas las letras al fraile Senior, que es quien mejor escribe en este cenobio... Claro que ha sido un error, que él no ha puesto maldad en su acción, que su cabeza estaba embarullada et ha errado... Nos sucede a menudo a los artistas... Tenemos en la mente que una palabra es con be alta y, sin embargo, es con be baja, o, de repente, se nos escurre el cerebro e trocamos a los ladrones de sitio, o escribimos una ce en vez de una ele, porque las palabras son muy traidoras... A mí ya me ha pasado alguna vez, aunque nunca un error de tal magnitud, pues que Emeterio estaba con Dios Hijo e con los dos ladrones, uno dellos santo, otro condenado al fuego eterno por los siglos de los siglos. E yo, viendo lo que sucedía, grave por demás, et al otro suplicándome con la mirada como para que no descubriera su enorme fallo, en vez de estallar a risotadas, me compadecí de él, por eso guardé silencio e compostura, puesto que los artistas deben estar unidos en el sentimiento e tapar posibles fallos de sus colegas, pues que todos estamos en un mismo empeño. Le di la mano, Munia, con ello hicimos un pacto de mutuo silencio... Cierto que no sé si he hecho bien... Entiende que si alguna persona se da cuenta del trueque podría acusarme a mí de él cuando no he sido, cuando nada he tenido que ver... Que yo estaba con mi ramera, contenta incluso, pues la tenía muy bella sobre un hermoso dragón, e andaba coloreando la séptima cabeza, casi terminada la tarea, sin miedo, sin temblor ninguno, mismamente como si la babilonia no fuera puta sabida ni el dragón una bicha inmunda, cuando me dice Emeterio con alegre voz: «Mira, señora Ende», e yo miro e veo, et él mira e ve, lo que nunca quiso ver e, de inmediato, me mira suplicante, et al cabo yo le doy la mano e sello ansí un pacto de silencio. E otros que vienen a mirar no ven, no ven cambiados a los dos ladrones, ni dicen nada de que el buen ladrón se llame Dimas y no Limas... Entonces me digo que el Señor los ha cegado, los ha enceguecido, para dejar el nombre de Emeterio bien alto, puesto que se lo merece después de tanto trabajo, et a fin de cuentas, en los Comentarios al Apocalipsis se glorifica al Criador de todo lo visible e invisible, por eso Dios ha hecho un milagro... Ha hecho que los frailes del escritorio no vieran lo que había et a mí me ha cerrado la boca, et a ti te la cierra también porque yo te ordeno que

Ende 153

no hables de este asunto con nadie, que no se lo digas ni a tu confesor. ¿Oyes, Munia?

–Señora, seré una tumba.

–Está bien así… Pero no sé si he atinado con esto del silencio, no sé… Porque, veamos, que los frailes y monjas que habitan en este cenobio no vean hoy o mañana o mientras vivan el error de Emeterio, por milagro del Señor, no implica que no lo vean otras gentes en tiempos futuros, puesto que Dios no tiene por qué hacer un milagro que dure hasta la consumación de los siglos, por ello me preocupa que del fallo de Emeterio me puedan echar la culpa a mí…, una mujer. De dos pintores ¿quién se equivocó?, ¿quién era iletrado el fraile o la monja? La monja, Munia, la mujer, que nunca el hombre… E tendrá triste gracia… Me revolveré en mi sepultura, pero nada conseguiré… Me llamarán iletrada e inculta… Magio y Emeterio serán ensalzados y yo humillada… ¿No has cargado la mano en la melisa, verdad, Munia? La adormidera no me hace nada, estoy más despierta que cuando me metí en la cama. Cierto que ando muy encorajinada tanto por el error de mi colega, como por si lo descubre algún avisado o las generaciones venideras, o por si san Dimas se enoja, que bien pudiera ser aunque no lleva traza, como te he comentado antes. E, ¡Señor Jesucristo, tan ufano como estaba Emeterio diciéndome que nunca había visto representada en un libro la Crucifixión del Señor e que, tal vez, fuera la primera vez que se pintaba en Hispania!, e zurce el demonio… Quizás, el demonio no se gustó, Munia, quizá pensó que Emeterio lo hizo demasiado pequeño, demasiado chico, viéndose poco, e no gustó dello, porque los demonios tendrán apetitos e gustos como los hombres, digo yo, o que Satán se comparó con el Crucificado e salió perdiendo, pese a que el Cristo sangra y él no… Ay, no sé, hija, voy a cerrar los ojos, e que sea lo que Dios quiera, si me cargan a mí la culpa ¿qué he de hacer? Nada puedo hacer… A las buenas noches…

–A las buenas noches, señora Ende.

Estudiando los comentarios a la edición facsímil del *Beato de Gerona,* realizada por EDILAN, S. A. Madrid (1975), me encuentro en el artículo titulado: «El arte de los Beatos y el códice de Gerona», obra de don José Camón Aznar, lo siguiente: «A los lados, en cruces simétricas, Dimas, a quien llama Limas, y Gestas en iconografías confundidas [...] Se piensa que es obra de Ende».

LAS RELIGIOSAS

Zaynab al-Bayyânî

Copista del Corán
Toledo. Año 333 de la Hégira

¿Qué te hará entender lo que es la noche del Destino? La no-
che del Destino es mejor que mil meses. Los ángeles y el Espí-
ritu descienden en ella, con permiso de su Señor, para todo
asunto.

Azora 97, vv. 2-4.

Me enseñaron que ésa es la noche que fija el curso de los acon-
tecimientos del año que en ella empieza. En esa primera noche
del nuevo ciclo nací yo, en la casa que mi padre posee en la alabada ciudad de los reyes, Toledo. Era el año 300 de Alá, que Él
me perdone, pues no puedo servirle como en aquella noche su
designio me ordenara. Tengo en mis manos el largo papiro donde escribo la hermosa azora CXIII:

Me refugio en el Señor del alba / ante el daño de lo que creó,
/ ante el daño de la oscuridad, cuando se extiende / el daño
de las que soplan en los nudos / y el daño de un envidioso
cuando envidia.

La recito en voz alta, me deleito en la protección que brinda
su dulce canto, mientras la escribo con mi mejor caligrafía cúfi-
ca, como ordena la tradición. Luego decoraré suntuosamente
los frisos y medallones que marcan el principio de la azora, y se-
ñalaré su final con tintas doradas. En este quehacer llevo más de
la mitad de mi vida y nunca traicioné la confianza de Alá, el
único que es único, copiando una y otra vez la Ley que tuvo a

bien revelarle al Profeta Muhammad, el Dogma Sagrado, nuestro Corán venerado; más de la mitad de mi vida copiando palabra por palabra, aleya por aleya, día tras día transcribiendo sus preceptos sacros y sus enseñanzas, desde la primera hasta la última azora, en largas bandas de pergamino fabricado con exquisito mimo. Empiezo y acabo distintos libros sagrados que siempre son el mismo; han nacido por mi mano muchos ya, Libros de Alá. «Tejiendo con mis dedos las sedas de mi destino, tejiendo el manto que cubre mi vida, así viene el Sol y se va la Luna, así florecen los mirtos y los rosales y cantan los ruiseñores, y los veo enmudecer, luego, a los ruiseñores, a los mirtos y a mis dedos.»

Nací poeta, para gloria de Dios y mi desdicha. Me llamo Zaynab al-Bayyânî, y mi alma sufre grandemente, destinada como estoy a aceptar el silencio de mi existencia, pero también porque ya me es imposible seguir callando.

Hoy contravengo mi destino, utilizo estos pergaminos sagrados no para seguir copiando el mandato de Alá el grande y magnífico, no para reproducir una vez más las leyes contenidas en nuestro bienamado Corán como empecé a hacerlo a mis quince años, sino para dejar libre la expresión de mi deseo. A partir de hoy permitiré que mi alma hable por mis dedos, escribiendo aquello que mis vísceras guardan desde hace tanto tiempo. Escribiré en estos santos papiros lo que mi corazón siente, y leeréis, junto a las azoras sagradas, mis propios versos. Nadie, ni ama ni maestro vigila ya mi trabajo, estoy libre, por tanto, para componer nuevos textos a mi antojo. Soy poeta; a mí también me habla Dios, y entonces emana de mi boca la poesía como el perfume exhala de la flor. «El Sol juega con mi ansia. ¿Quién ocultó la Luna, para que no mire mi rostro en su rostro? ¿Dónde se fue el Sol, y no puedo escuchar mi corazón?»

Mi infancia fue dulce; recibí de mis amas maestras la educación habitual de las hembras de mi casta, a base de gramática, el estudio de nuestro Libro Sagrado Corán y la lectura de clásicos. También me contaron las leyendas maravillosas que se dicen sobre la historia de Toledo, las riquezas y las joyas y las alhajas que nuestro primer conquistador Tariq guiado por Alá, encontró al llegar a esta mi bienamada ciudad; las veinticuatro diademas de

Zaynab al-Bayyânî 159

oro de los antiguos reyes en la Mansión de los Monarcas, y la mesa de Salomón, hijo de David, sobre ambos sea la paz, que encontraron los soldados en el castillo de Farás, que estaba cubierta de oro y aljófar, y adornada con esmeraldas verdes y perlas, y los otros tesoros innombrables que los primeros musulmanes consiguieron al llegar a Almeida, junto a Toledo, en el año 93 de Alá. «Pájaro volador, respóndeme, ¿dónde estuviste hoy? La noche pasaron mis ojos sin cerrarse, los ojos de mi alma abiertos sin probar el sueño, ay, dime, pájaro de mi pregunta, ¿dónde traes la respuesta?»

Gabriel, el que guió la visión de Muhammad el Profeta, el más grande después de Alá todopoderoso, aquel enviado que portaba la voz que dictaba al Profeta la palabra eterna de Dios, me visitó una noche en que mi alma parecía haber descendido a las más oscuras profundidades. Muhammad sólo tenía que escuchar su dictado y lo mandaba escribir, sólo tenía que estar atento a la revelación de Gabriel para llamar a sus escribas y que recogieran sus palabras. Gabriel me habló a mí también, del sol, de la noche y de la mañana, de la aurora y de la resurrección. Él fue el primer Poeta, y a él le invoco, en mis horas desesperadas, cuando la Poesía me duele.

Siendo aún niña hice notar a mi bondadoso padre la inclinación de mi espíritu, que se sentía invadir por una dicha extraña que me lanzaba a cánticos nunca antes escuchados, y ponía en mi boca palabras que hablaban de Dios. Fui alumna aventajada, destaqué del resto de mis hermanas y primas porque la voz parecíaseme huir detrás de las aleyas de nuestro Libro Sagrado, y pronto lo pude recitar de memoria. Sus versículos y sus azoras brotaban de mis labios como si Gabriel estuviera a mi lado dictándome las palabras de Alá, que Él no quiera ofenderse. Mi buen padre entendió que yo estaba capacitada para un aprendizaje más en profundidad, y me permitió recibir enseñanzas en materias varias como historia, matemáticas, música y filosofía de varios parientes varones en mi propia casa, y más tarde, pude acudir a la mezquita, y era él mismo quien me acompañaba. Por fin, hizo contratar a la que fue mi amada y principal preceptora, Maryam bint Abi Yaqûb, que enseñaba literatura en Sevilla y mandó traerla aquí, a Toledo, y ella vino de buen grado, porque esta ciudad es regia y hermosa, la atraviesa un río ancho como la Vía Láctea, y la adornan las más bellas flores por el día y las más relucientes estrellas en la noche. «El perfume de las mañanas bañadas en rocío mi alma recuerda, junto a los jardines despertando del largo invierno. Mis mejillas eran rojas amapolas que se abrían al ansia, mis ojos recogían los colores generosos de la aurora y mi voz se mezclaba con el aroma de los jazmines y el alhelí.»

Viví con mi maestra horas deliciosas. Paseábamos por los jardines a orillas del Tajo, recorríamos los alrededores de la antigua residencia de los reyes visigodos que todavía conserva su esplendor, pasábamos a la orilla izquierda por el puente de Alcántara y regresábamos, caída la tarde, dando un largo rodeo, riéndonos de las protestas de mi ama, que volvía agotada, y nos colábamos a escondidas en nuestras dependencias del harén, para que mi padre no se apercibiera de cuánto habíamos tardado.

Ella me mostró la poesía de los antiguos, y también me habló de mujeres poetas, como las grandes Oraib y Shariyya de Bagdad, tan celebradas, y de Hassana at Tamimiya de Elvira, que ya había muerto, o de Qamar, la exquisita y refinada poetisa que vivía todavía en Sevilla, y de Hafsa bint Hamdum de Guadalajara, a la que Maryam había conocido, y de, la mejor de todas, Muta, la esclava de Ziryab el sabio cantor del que había aprendido su ciencia, y de la que memoricé un bello poema de amor: «Oh, tú, que ocultas tu pasión, ¿quién puede ocultar el día? Tenía un corazón, pero me enamoré y voló, ay de mí, ¿era mío o prestado? Amo a un príncipe, y por él olvidé mi vergüenza».

Fui feliz en ese tiempo. Componía mi propia música y mi propia poesía, fácil para mi oído y mi boca, y hacíalo tan naturalmente que parecía haber nacido para ello, tal que ése considero que sea mi destino, con el permiso de Alá. «¿Por qué sufro, madre, si no hay varón que me haga sufrir? Si muero de amor, ¡oh maravilla!, es pasión encendida que habita mi corazón.»

Mi padre, sin embargo, prefería oírme recitar el Libro Sagrado, y yo lo complacía cuando así lo requería.

Zaynab al-Bayyânî 161

¿Acaso he de informarte sobre quién descienden los demonios? / Descienden sobre todos los embusteros pecaminosos / que explican lo oído, pero, en su mayoría, son embusteros; / descienden sobre los poetas, y son seguidos por los seductores. / ¿No los ves cómo andan errantes por todos los valles / y dicen lo que no hacen?

Azora 26, vv. 221-226.

Fue en una reunión cuando le recitaba a mi padre ésta y otras azoras de sus favoritas, y ocurrió que en presencia de sus invitados, tras la celosía que nos protegía de la vista dellos a mí y a mis hermanas, me atreví a indicar a mi padre que la poesía era un don de Alá todopoderoso, ya que en forma de cánticos había hecho descender sus leyes al Profeta Muhammad; que el poeta posee la virtud de la profecía, pues sus palabras surgen a pesar de su garganta, poseídas de la dirección de Alá el único Dios y que, además, tiene el privilegio de retener la emoción que suscita la vivencia del momento para expresarla en bellos versos que alimentan el espíritu del que los escucha, y que por eso la poesía permite revivir los asuntos importantes de la vida. Pero mi padre, mi buen padre que Alá haya perdonado, interrumpió mi discurso con un bramido; llegóse hasta el lugar de las mujeres, dando grandes zancadas y resoplando como uno de los toros de las dehesas, rasgó la cortina que lo cubría provocando el terror de sus esposas, y de mis hermanas, y de las sirvientas, que huían como gacelas asustadas y me buscó con su terrible mirada, encontrándome mudada la color y espeluznada por tal arrebato, desconocido hasta entonces en mi bondadoso padre.

Con grandes gritos, me recordó los deberes y las virtudes de las mujeres de buena familia, el decoro, la honestidad, la castidad, la decencia y el vivir guardadas en casa, cosas en las que, a mi entender, yo no había faltado, pero él agitaba sus brazos con gran enojo y se mesaba los cabellos como si hubiese descubierto una gran deshonra; repetía mi nombre como una maldición, ¡Zaynab al-Bayyânî!, ¡Zaynab al-Bayyânî!, que había llevado la desdicha a su corazón, que mi formación debiera ser para su deleite y el de un esposo que él me buscara, y no para hacer poe-

162 *Las religiosas*

sía, proscrita en la ley antigua, que le había avergonzado delante de sus amigos, que yo, la más inteligente de sus hijas había osado emitir opinión en público, ofendiendo al Profeta. «¿Quién contendrá mi esperanza, cuando me haya ido? ¿Quién ha de llevar mi nombre hasta la cima de la colina donde vi atardecer y lloré, y lo esparcirá como lluvia sobre los arrayanes, como regalé mi llanto a las flores?»

El castigo había de ser en proporción a la ofensa y en desagravio a nuestro Sagrado Libro, por lo que me impuso el deber de asistir cada día a copiar el Corán a esta Escuela del barrio oriental de Toledo, asistida por dos amas, que más que sirvientas, son guardianas, y que, a pesar del tiempo transcurrido ya, todavía no ceden en su vigilancia. Se me prohibió escuchar música, hacer o leer poesía y, ante todo, seguir recibiendo las enseñanzas de Maryam, a quien mi padre expulsó, pues creyó ver en mis palabras la mala influencia de mi maestra. Nunca pude explicarle a mi querido padre que, mucho antes de que ella me hablara del infortunado Ibn Masarra, que Alá haya acogido, el filósofo asceta que fue tan temido y perseguido por nuestro califa Al-Nasir, el muy poderoso con permiso de Alá, yo ya pensaba por mí misma que los seres todos participamos de una materia espiritual, un alma superior, una memoria total, de donde procedemos y a donde regresamos, y que Alá, que me perdone y por siempre loado sea, conoce esa totalidad. Los poetas podemos sentir cómo nuestro espíritu se encuentra con el todo superior en el momento en que aquél abandona el cuerpo y viene la Poesía a morar en él. Es entonces cuando las palabras fluyen de la boca, en unión con el sumo entendimiento y apodérase de los sentidos una placentera sensación de muerte en vida, que si es contemplada por alguien ajeno, llégale a causar susto, y que cuando por fin es ida, deja sumido al que lo vivió en un vacío irreparable, que le lleva a añorar el anterior gozo y a penar porque desea vivir de nuevo aquella muerte. «Decid, oh hermanas mías, cómo contener mi mal, sin el amado no viviré yo. ¿Adónde lo buscaré? ¿En dónde me encontrará?»

Zaynab al-Bayyânî

Ten paciencia con la decisión de tu Señor! ¡No obedezcas, de entre ellos, ni al criminal ni al incrédulo! / ¡Recuerda el nombre de tu Señor en la aurora, en el crepúsculo, / y por la noche póstrate ante Él! ¡Lóale, por la noche, largo rato!

Azora 76, vv. 24-26.

Tenía quince años y otros tantos han pasado desde que empecé esta tarea que de siempre se ha reservado a las mujeres ilustradas de Al-Ándalus. Pero las otras lo hacen sólo hasta desposarse, o como ocupación de ocio cuando sus tareas de la familia se lo permiten, pero yo ya he visto pasar a muchas, muchas que han venido y se han marchado, y otras muchas que veré, que seguiré viendo, porque mi castigo no está expiado, y he de continuar copiando los textos sagrados de Alá, hasta que mi culpa sea perdonada, hasta que reniegue de la poesía. Y eso no lo haré nunca.

Ningún hombre en Toledo pidió mis favores, pues mi discurso fue llevado de boca en boca y creyéronme con falta de seso, que aunque eso sea mal perdonable, no lo es hablar en demasía, pues ningún hombre quiere para sí mujer respondona. Pero mi herencia me obliga a ser guardada por mi familia, y por tanto tampoco puedo pasear a mis anchas, como las esclavas o las mujeres sin herencia o sin varón, por cerca de la puerta de Curtidores, ni pararme en las fuentes, ni entrar en el mercado, ni detenerme a escuchar a los contadores de cuentos en mitad de las plazas, ni buscar amores ilícitos junto al cementerio; sólo me es permitido acudir a la Escuela, convenientemente velada y celada por mis dos amas, y ha llegado a tanto el silencio obligado de mi alma, que todas las cosas me hablan, los pergaminos, y las tintas, y el pupitre, y las arquetas donde se guardan mis pliegos, y viene Gabriel y se sienta a mi lado, y hasta el Profeta llegóse un día a contemplar mi caligrafía, y las azoras del Libro Sagrado me cantan en el oído sus aleyas, y los poetas antiguos me recitan versos que no conozco: «Alba que al rayar el día, despide fragancias de amores nuevos. El nuevo beso del rocío sobre la tierra, el nuevo adiós de la noche al cielo».

Saltóse José, sobre él sea la paz, de su azora XII, y me refirió

164 *Las religiosas*

su sueño, y me dijo que Dios habla también a través de los sueños, que Él tiene infinitas vías para hacer escuchar su mensaje, y me dijo que quizás en mí se hallaba también oculto un gran destino, que Alá me habría elegido para servir de santo instrumento para la transmisión de su intención, quién sabe lo que finalmente quiere Dios, si a cada cual nos habla de una manera.

–Hermanas, no hay en mí extravío. Os haré llegar los mensajes del Dios que habita en el silencio, soy el clamor de lo por venir, y sé, procedente de Él, lo que no sabéis.

Esto son las palabras de un noble Enviado / y no las palabras de un poeta –¡cuán poco es lo que creéis!–, / ni las palabras de un adivino –¡cuán poco es lo que meditáis!–. / Es una revelación procedente del Señor de los Mundos.

Azora 69, vv. 40-43.

¿Cómo si en nuestro Corán sagrado se avisa de que el mensajero puede ser cualquier ser, por ínfimo que parezca, cómo no quieren aceptar que yo traigo mensajes a través de mi urgencia poética? Quizá la esencia del mensaje divino ya fue desvirtuada, involuntariamente, desde los primeros memoriones en tiempo del propio Profeta, que Alá guarde, aquellos que memorizaban las palabras de Muhammad antes de que fueran recogidas por escrito. Desde niña recito de memoria el Sagrado Libro, pero, que Alá me perdone, que de tanto repetirlo, al final uno le inventa palabras, y se deja versículos, y le añade otros nuevos de su interpretación, o silencia aquellos otros de su desagrado, que ya se sabe, que todos tenemos preferencias o disgustos, y yo misma reconozco, que, en tantos años copiando los sagrados textos, no puedo asegurar que de una vez a la otra, los haya escrito igual. Eso sí, con letra pulcrísima e inmaculada, y cuidando caligrafía y caracteres con exquisita atención, pero los mensajes, ay, los mensajes, ¿cómo puedo hablar yo mal de la poesía y de los poetas, si la palabra de Dios es la Poesía?

En esta Escuela misma de Toledo, nos hallamos hasta setenta mujeres copistas, y cada cual hace su trabajo diario, redactando su copia de los textos sagrados, y luego un secretario guarda y recoge y clasifica y ordena los pliegos, de modo que todo se ordena según cada mujer que escribe, pero, ay, que yo he visto otros trabajos y he comprobado faltas y versículos errados, y palabras cambiadas, y correcciones de gramática que cambiaban la intención de la frase. Las tareas están divididas entre las que redactan los textos, las que decoran las bandas, los frisos y las páginas y desde hace pocos años, las que encuadernan. Yo prefiero la antigua forma, la larga banda enrollada de papiro sobre la que se lee el texto, pero ahora está la moda de distribuir las azoras por cuadernillos hasta formar un libro apaisado, y entonces todo ello se encuaderna con unas planchas revestidas de cuero decorado y bordes reforzados, y prefiérense por las familias de abolengo tardío, es decir esas que teniendo mucho dinero, buscan comprarse distinciones y rasgos nobles y títulos antiguos si pueden. Además están las tareas menores, de limpieza, fabricación del pergamino, mezcla de las tintas, mandaderas y servidoras. No se nos permite a las mujeres copistas que hablemos mientras estamos con la labor, pero siempre se escucha sobre la enorme sala un extraño y persistente rumor; seméjase al ruido que hace el silencio, el sonido que hacen las voces que hablan hacia dentro. Aun así, entre nosotras nos miramos, nos sonreímos, nos hacemos señas y aun nos mandamos notas, de tal modo que acaecen relaciones de todo tipo, y aunque no hablamos, nos entendemos igual. A veces, entre las que vinieron y se fueron, encontré alguna poetisa, que como yo, debía silenciar su ansia, y también la vi tristemente resignada. «Canto lo que ven mis ojos y lo que ve mi espíritu, y canto la flor olorosa que brota hermosa de la semilla que alberga mi vientre.»

Entre sus aleyas está la creación de los cielos y de la tierra, vuestros distintos idiomas y colores. En eso hay aleyas para los mundos. / Entre sus aleyas están vuestro sueño, noche y día, y vuestra ansia por conseguir su Favor. En esto hay aleyas para gentes que oyen.

Azora 30, vv. 21-23.

166 *Las religiosas*

Todas las mujeres hacen la parte del trabajo que les corresponde, pero yo llevo tanto tiempo en esta casa, que me es permitido trabajar en su totalidad la confección del Libro Sagrado, como se hacía de antiguo, y por eso puedo decorar mis pergaminos deleitándome también en ello, aunque mi inquietud es grande, al pensar que ninguno de los libros santos reproducidos sea el que en su origen Gabriel le dictó a Muhammad, el Profeta.

Desde que mi amada compañera Aisa marchó para ser casada con un gran señor como regalo de alianza entre sus familias, ya no he vuelto a permitir que ninguna otra mano interviniese en mis pergaminos. Ella era una exquisita dibujante y adornó mi trabajo de escritura con las más bellas filigranas de tintas coloreadas que nunca se hayan vuelto a ver. A ella le hubiera contado mi decisión de hoy. Pero ya se fue, y mi corazón todavía la añora.

De las setenta copistas de esta Escuela, sólo yo escribo sin necesitar muestra, eso me da gran prestigio; las demás copian las azoras del anterior ejemplar que acabaron, y las supervisa el maestro escribano, el cual, después de tantos años de escritura callada y perfecta, ya hace tiempo que no revisa mis trabajos, sabedor de mi cultura y mi excelente memoria, pero de las otras, vigila sus manuscritos, y mira minuciosamente los rasgos caligráficos buscando que sean perfectos, pues presume de vender los mejores Libros Sagrados de todo Al-Ándalus y en los que más se complace Dios. Sobre todo está pendiente de las más jóvenes pues desconfía de quien está aprendiendo, y con grandes voces las amenaza con la deshonra de devolverlas a su casa cuando consigue descubrir algún error. Una dellas, sin embargo, se levantó un día del pupitre ante los gritos, aventó los pliegos contra el suelo sin mediar palabra, le tiró plumillas y punzones a la cara y esparció la tinta por el cuero preparado para encuadernarlo. Por supuesto, no regresó nunca y el maestro anduvo en pleitos con la familia de la doncella. Todas mirábamos espeluznadas pero conteniendo la risa por la frescura y la gracia con que la muchacha despreció uno de los más apreciados menesteres que considéranse para la mujer en estos tiempos, porque ninguno otro es reconocido para nosotras más cercano a la religión musulmana, injustamente, según mi parecer, pues lo mismo que los hombres podríamos servir a Alá en los santos oficios y dirigiendo la oración del viernes y recitando las salmodias, aunque a mí, como más gustárame honrarlo, sería cantándole mis versos.

«¡Echa tu bastón!» Cuando Moisés vio que se agitaba como si fuese una culebra, dio la espalda para huir y no se volvió a mirar. Dios dijo: «¡Moisés! ¡No temas! Los enviados no temen».

Azora 27, v. 10.

A Él le pertenece mi boca y mi oído, y mi mano, de la que ya no salen más mandatos suyos, porque la paraliza mi alma seca.

Me regocijo en esta escritura secreta, en la que pensamientos, poemas y azoras mezclo como los líquidos para las tintas. Pido perdón a Alá, por la profanación de su Corán, este que finjo redactar, como tantos años atrás, y sobre el que estoy vaciando las ansias de mi alma. Será deseo suyo que yo busque mi destino a través de estos pliegos que nadie sabe que escribo. Así pues, convoco desde este pecado que cometo, a mi salvación, apelando a la Esencia que habita en el lector a cuyas manos llegue este libro que en la superficie será nuestro Corán sagrado, mas será, en su interior, la llamada desesperada de un alma que ansía la libertad.

Te aseguro, anónimo lector que en este momento cobras la mayor importancia para mí, que mi mente y mi ánimo se marchitan como alimentos enranciados por no haberse aprovechado. La poesía que no puédese expresar acaba haciendo daño, igual que el odio es el amor no manifestado, y que la enfermedad del cuerpo es la pura enfermedad del alma. La poesía que me da vida me está aniquilando, porque soy mujer y no puedo ser poeta.

Cada comunidad tiene un plazo, y cuando llega su plazo no puede retrasarlo ni adelantarlo un momento.

Azora 7, vv. 32-34.

Lector, poseo, como poeta, el tercio del vaticinio, el otro tercio de la locura y el otro tercio del nomadismo. Alá me selló con un designio que no puedo cumplir, y sé que pronto moriré, estéril para el futuro, pues el cansancio se cierne sobre mi corazón como una espesa sombra y cada día siento más pesada la vida, ahora más todavía, pues ya no me asisten las gozosas ráfagas de inspiración que tanto me alimentaron tiempo atrás. Es por lo que decido acabar mis días con estas escrituras, y me quedan tantos días de vida como pliegos restan hasta el final del falso Corán que redacto.

Marcharé alegre, a la espera de un tiempo más honroso para mujer como yo, sin dolerme por no dejar huella, aun sabiendo que mi nombre no será loado en poemas mortuorios, ni motivo de grandes llantos, más que los de plañideras pagadas. Nada me retiene para seguir viviendo, pues ya la poesía que fue capaz de escribir mi mano aquí la he recogido, y mi falta, cuando yo no esté, tampoco será ya pecado. Mi deuda será contigo, lector, pues te adeudaré un verdadero Libro Sagrado, y espero que algún día pueda reponértelo. Permíteme hacerte saber sin embargo, que por un día, mi nombre será famoso y buscado y publicado por heraldos y que un gran hombre poderoso querrá encontrarme, pues Gabriel me ha revelado en su última visita que el prodigio ocurrirá, que mi alma se reunirá en breve con su otra mitad para llegar a completarse y descansar tal como es su anhelo, que por eso clama en la angustia poética, y que el día de mi muerte, el gemelo de mi alma me reconocerá y se emplazará conmigo a encontrarnos a la derecha de Alá. «Ya las flores y las preguntas brotaron de mi pecho, y llovió grandemente sobre los prados. Ya descanso entre los nardos y entre los mirtos, y camino junto a mis amigos.»

Este Corán profanado, sin embargo, podrá servirte también y si así lo decides, para escuchar la voz de tu alma.

Es en el mes de tammûz del año 333 de Alá, recibiendo la noticia de la gran derrota de nuestro señor califa Al-Nasir en la batalla de Alhándega.

(Esta batalla se hizo famosa en Al-Ándalus, porque en ella el señor de Al-Ándalus, Abd al-Rahman III Al-Nasir y los musulmanes sufrieron fuerte quebranto en la guerra contra los cristianos, que eran guiados por una mujer, brava reina, llamada Toda de Navarra, y hubieron muchos muertos y muchos cautivos, y se perdieron muchos bienes del ejército de Al-Nasir, pero además en la huida, se abandonaron enseres personales del califa, extraviándose para siempre ya su Corán privado y su cota de malla preferida. De regreso, detúvose en la ciudad de Toledo para descansar, durante cuatro días, y, conocida como tenía la existencia de una Escuela de copistas de Libros Sagrados, pidió que le trajeran el libro mejor y de más perfecto acabado. El pergaminero dueño y maestro de la Escuela, no dudó: le entregó el Corán recién acabado de la copiadora más experta y sabia que tenía su Escuela, Zaynab al-Bayyânî, y así mandó que se lo comunicaran a ella, para su orgullo y satisfacción, pero por más que la buscaron, no la pudieron encontrar.)

ELVIRA RAMÍREZ

Abadesa del monasterio de San Salvador
y regente del reino de León
Era 1013. Año vulgar de 975

A doña Andregoto de don Galán, señora de Nájera.

Querida prima:
De mí y de mi sobrino se cuentan muchas falsedades. Estoy desesperada, acosada por la reina Teresa, la madre del rey; por los Ansúrez, sus familiares; por los Gómez; por el conde de Castilla; por nuestro mutuo sobrino, el rey de Navarra; por el conde de Barcelona; por el sultán Al Hakam y por mis monjas.

Te contaré poco a poco, si Dios me da sosiego para poder hacerlo. Me tiembla la mano cuando tomo el cálamo, no sé si son los años, que pasan para todos, o que se me lleva el nervio por tanta inquina y traición como he sufrido en mis propias carnes desde que asumí la regencia de este reino, porque mi sobrino don Ramiro III, hijo de mi difunto hermano don Sancho, todavía llamado el Gordo (aunque dejó de serlo, como bien sabes), era menor, y todos los nobles y el califa de Córdoba querían arrebatarle el trono para poner a otro que pudieran manejar a su antojo o ellos mismos nombrarse reyes.

Tú estás muy bien, ahí, en Nájera, sólo mirando los campos de vid y recaudando tus rentas… Por cierto que no viniste con el rey Sancho Abarca al sitio de Gormaz, mejor porque salimos desastrados, te hubieras llevado un disgusto. El general Galid nos infringió una terrible derrota, nos hizo a lo menos veinte mil muertos, y es que todos querían mandar, lo de siempre, hija. Un

Elvira Ramírez

desatino tras otro nos llevó al desastre, y el califa está engallado, con motivos..., ha vencido a todos los pueblos cristianos...

Y es que, en estos últimos años, ha cundido el ejemplo de mi abuela, la reina Toda, que fue también tu mentora, y cualquiera se presenta en Córdoba a pedir ayuda a don Al Hakam, para derrocar a mi sobrino, el pequeño Ramiro, y para, de paso, encerrarme a mí en mi convento hasta que el Señor Dios tenga a bien llamarme de este mundo. Y no sé si tanta hostilidad va contra mí, contra mi sobrino o contra los dos, o, tal vez, sea que nunca quisieron a mi difunto hermano, pues, fíjate, todavía no he podido mandar ajusticiar al conde Gonzalo, su asesino, el que lo envenenó con una manzana ponzoñosa, que se la dio a la mano, una hermosa manzana, para que se quitara la sed, y don Sancho se vio muerto al primer bocado y, aunque picó espuelas camino de León, falleció antes de llegar, Dios lo tenga en su gloria, sin poder arreglar las cosas de la sucesión, sin que el niño hubiera sido jurado.

Yo hice que juraran al niño, que lo eligiera la Curia, del mismo modo que los magnates situaron en el trono a mi hermano Sancho, según la Ley Goda. Consciente de que era la primera vez que en el reino de León era nombrado rey un menor, consciente de que también por vez primera habría una regente, una mujer, la tía y madrina del rey, con prelacía sobre su madre; una monja además, yo, Elvira Ramírez, la hija de don Ramiro, que fuera emperador, y de que habría de librar muchas batallas, pero no tantas, prima, que empiezo a contar y no acabo.

Y es que los magnates han perdido el respeto a sus señores naturales, a los reyes. A los reyes los puso Dios, y más alto nadie en la Tierra. Los reyes de otros reinos no se alían con los reyes, si no con los condes. El señor califa también se rebaja y hace pactos con los nobles. Los caballeros van y vienen de una heredad a otra quedándose con el mejor postor, de tal manera que no se reconoce la autoridad real, al menos por estos predios; además todos quieren ser los primeros, cuando primero sólo hay uno: el rey, don Ramiro III, aunque sea menor, porque a los de la Curia Regia no les importó una higa el día en que lo juraron.

Andregoto, prima, veo mal, se me cansan los ojos, voy a mandar a una de mis monjas que escriba por mí, cambiará la letra de esta carta pero no temas, que yo dictaré a una de mis fieles, que no son muchas para mi desgracia, créeme, pues tengo el convento alborotado.

Con el ejército de don Abd-al-Rahman, arrojamos a don Ordoño IV del trono de León y éste anduvo en Burgos con Fernán González y en Córdoba con el califa, haciendo lo mismo que mi hermano, pidiéndole un ejército. Y no sé si entonces hicimos mal, pues siguiendo las consejas de mi abuela Toda mi hermano no le entregó al moro las diez fortalezas del Duero que acordó, y yo tampoco lo hice, porque mi abuela me escribió varias cartas diciéndome que habría tiempo, que demorara el asunto, pero don Al Hakam, que heredó a don Abd-al-Rahman III, su padre, se enojó y pidió el cumplimento del tratado, pero yo hice oídos sordos.

Estuve muy ocupada poniendo a nobles y obispos en su sitio. Por eso, por dar rango y boato a la nuestra monarquía, para separar al rey del común de los mortales, hice que los escribanos lo titularan en los diplomas «Flavio», como hicieran los reyes de Toledo, los godos, y, tras mucho porfiar, conseguí que lo ungiera don Velasco, el obispo, en ceremonia pública. Y a mí dejé que me llamaran «basilea», que quiere decir reina, en griego, y «dominísima», que es mucho más que señora... Pero todo cayó mal en esta corte. Los nobles, todos hombres rudos, no entendieron estas sutilezas. Los Ansúrez y los Gómez se dedicaron al saqueo; los piratas normandos atacaron las costas de Galicia, matando al buen obispo Sisnando, hombre de grata memoria; y todos estuvieron yendo a Córdoba y viniendo, como si se tratara de dar un paseo. Lo malo es que el sultán los recibía con honores y aceptaba sus regalos de grado, le llevaban esclavos: hombres, mujeres y niños, tratando de atraerse su amistad. Para terminar, ya ves, en el desastre de Gormaz, del que ya te he hablado, con todos los pueblos cristianos derrotados.

Y tiempo antes, aún tuve peor suerte, porque envié una embajada a Córdoba (no podía quedarme atrás, si todos iban, el rey y yo también teníamos que estar presentes), pero el intérprete se equivocó al leer, trocó mis palabras, lo dijo mal, dijo al revés, y don Al Hakam se enojó sobre manera, tanto, tanto que expulsó violentamente a mis hombres de la ciudad y rompió cualquier negociación conmigo. Cuando lo supe casi se me llevan los demonios... Creí que iba a morir del sofoco... ¡Don Al Hakam contra mí, directamente contra mí, contra mí el hombre que me había regalado los santos restos del Niño Pelayo!...

Ay, Dios Criador, todavía me vienen ahogos cuando pienso en ello... Es el recuerdo que permanece intacto, que no se borra... Lo que te decía, prima, el califa contra mí y todos los nobles enfrente de mí... Doña Teresa Ansúrez reclamándome al pequeño Ramiro, queriéndoselo llevar al castillo de Monzón, cuando un rey, tú lo sabes, no puede abandonar su reino...

Vuelvo a tomar la pluma, Andregoto, que esta monja que ha venido a hacerme favor escribe muy lentamente, y pierdo el hilo de la narración... Luego, mis monjas se pusieron corajudas. Que por dedicarme a la política, me dijeron, no atendía mis labores de abadesa... Una falacia, hija, porque, San Salvador, mi convento, está situado puerta con puerta con el palacio real, con lo cual no descuidé mis tareas sino que las dejaba el tiempo justo y me pasaba ora a vísperas, ora a completas, pues demasiado sabía yo que el hecho de ejercer la regencia no me exoneraba de rezar el Oficio Divino, pues lo primero fui, y soy, monja y luego regente... Así de claro lo tenía entonces... Pero, no ignoras que la maledicencia es como un pus que se extiende, que uno dice a, otro be y otro abc, que es como un pus, digo bien... Otro tanto has padecido tú la maledicencia, todos los condes de Navarra queriéndote arrebatar la honor de Nájera, que te dio mi abuela en buena hora.

Entonces, para conseguir un golpe de efecto y asentarme mejor en el trono, convoqué a todos los reyes y condes cristianos para tomar el castillo de Gormaz y así asegurarnos el Duero por aquella parte, y pasó lo que pasó: el desastre; y no me lo puedo quitar de la cabeza... Es que los hombres no me hicieron caso, no siguieron mis estrategias, que eran las de don Julio César, el primer emperador de Roma, puesto que estudié un libro suyo titulado *La guerra de las Galias,* un libro que encontré en un anaquel de la sala de reuniones de la Curia Regia, cuando mandé limpiar todo aquello.

Oye, Andregoto, ¿cómo no estabas al lado del rey de Navarra en el asalto a Gormaz? ¿Estás enferma? De ser así, lo sentiré... Los años no perdonan... Al acabar cualquier día, cuando me meto en la cama, me duele todo el cuerpo, a más, como estoy tensa, como estoy todo el día, a toda hora excitada, pues me matan a disgustos, me cuesta conciliar el sueño, y he de distender los músculos y, vive Dios, que ando en este menester, relajándome para descansar después de una jornada agotadora de peleas y oraciones (en Palacio peleo con denuedo por el niño rey, y por la memoria de mi padre, el emperador, y en la capilla de San Pelayo oro por los pecados del mundo) y, en el duermevela, me vienen punzadas a la cara, como si me picara un bicho, pero es que me relajo, por fin. Claro que tengo otros dolores, que se me han quedado fijos: en la espalda. Me duele terriblemente la espalda, entre las costillas y las nalgas, se trata de alguna vértebra, de un dolor muy agudo que dura tiempo. ¿A ti qué te duele? Pido a Dios que nada, que te conserves como una niña.

Y no creas que exagero cuando te digo que hube de mandar limpiar los salones de la Curia Regia, ni un ápice exagero, he tenido que ocuparme de que se hiciera todo en este reino, de lo grande y de lo menudo. Sirva de ejemplo que tuve que librar de rameras el camino de Compostela a su paso por estas tierras, con la oposición de los componentes del Consejo de Regencia y del señor obispo, que se negaban a que empleara soldados en tal menester, asegurándome todos que a los peregrinos les son perdonados los pecados cuando se arrodillan ante la tumba del apóstol Santiago y que lo mismo es que lleven en su alma uno que ciento, que hayan yacido con mujer o no, porque mismamente se les perdonan todos. Pero no es lo mismo, prima, no es lo mismo, las rameras transmiten enfermedades de bubones y los hombres no se los pueden quitar, es más, se mueren de ellos, yo lo he visto.

Después de este intervalo en el que te he hablado de cosas menudas, pero no por ello menos importantes (en el caso de las rameras, se trataba nada más y nada menos que de la salud de los habitadores del reino de León, nada nimio), paso a decirte, pues quiero que lo conozcas de mi mano, que me encuentro tan atosigada por unos y por otros que voy a abandonar la regencia. Doña Teresa, la madre del niño Ramiro ben Sancho, como lo llaman los moros, se va a presentar ante nosotros, un día de estos, para alegar que su hijo, que acaba de cumplir catorce años, es mayor y debe tomar las riendas del trono. Los del Consejo y el obispo, que están harto cansados de mí pues llevábamos porfiando largos años, aceptarán su proposición de inmediato, y yo, que espero el momento, me voy a encerrar en mi convento a pesar de que don Ramiro siempre será un niño para mí. Un niño torpe además, que quede entre tú y yo, pues ante los muros de Gormaz (contigo allí, tal vez don Galid no nos hubiera derrotado) fue incapaz de arengar a las tropas cristianas, no pudo abrir la boca, y eso que me ocupé de vestirlo de caballero, de buscarle un magnífico caballo, de mandar afilar la espada de su padre y de encontrar la loriga de su abuelo en los baúles. La criatura no abrió la boca y, como es menguado de carnes, no podía sostener alzada la espada de don Sancho... El niño y yo hicimos el ridículo en el real de Gormaz, pues yo le instruía sobre lo que había de hacer y como no me hacía caso, pues parecía bobo, había de alzar la voz y se enteraban todos... De nada me valió leer a don Julio César, ya ves.

Tal vez hayas oído que soy mujer varonil, pues no, prima, no nos conocemos de vista pero, si me vieras, observarías que soy menuda, ni alta ni baja y de rostro fino. No obstante, a fuer de sincera, reconozco que se me ha agriado el carácter con los años, sobre todo desde que falleció mi hermano, el señor don Sancho el Gordo. Desde esa malhadada fecha sólo he tenido un día feliz, a saber: el que recibí los santos restos del Niño Pelayo, mártir, de manos de un embajador de don Al Hakam, que me los regaló para sellar la paz de nuestros reinos; a mí, no al convento, no al reino, a mí, pues que se lo pidió mi abuela Toda, al parecer.

Aquella bendita jornada, mis monjas amanecieron muy contentas. Todas tenían cara de albricias cuando depositamos la arqueta de reliquias al pie del altar mayor de nuestra iglesia, todas cantaron muchas oraciones de alabanza, me besaron las manos, me palmearon la espalda, se arrodillaron ante mí, me llamaron «basilea» y «grandísima señora», oraron por la memoria de mis padres, los fundadores del monasterio, y por la de la reina Toda, pero aquello duró muy poco, a las veinticuatro horas me acusaron de no atender a mis labores de abadesa y yo, como tenía problemas afuera, tuve que nombrar una priora, que me sucederá cuando muera, pronto ya, a Dios le pido que sea presto. Es más, sé que me voy de este mundo.

Y, tal vez, sea lo mejor, pues estoy fatigada, harta de la vida. Mi abuela, la señora Toda Aznar, aquella gran mujer que derrotó a don Abd-al-Rahman en la gloriosa batalla de Alhándega, otro tanto hizo mi padre en Simancas, también estaba cansada de vivir, me lo dijo a menudo en sus últimas cartas, y también ella padeció muchas amarguras y sufrimientos. Tú que la trataste a menudo lo podrás corroborar, aunque creo que tenía más temple que yo, que era más animosa...

Termino ya esta carta, que parece un descargo de culpas, aunque no lo es, te explico lo que ha sido mi vida de regente para que lo sepas de mi boca y no hagas caso a otras lenguas, a las muchas lenguas de víbora que habitan en estos reinos, para que lo sepas de primera mano. Dejo copia de ella en mi convento. Que Dios incremente tu salud.

Facta carta in Legione, primo die octobris, era T.ª, XIII.ª, rex Ramirus regnans in Legione. Ego, Elvira Ramírez, abbatissa coenobii Sancti Salvatoris in Legione (signum).

LAS NOBLES

Umm al-Kiram

Noble princesa, sobrina de Al-Mutasim
de Almería. Año 455 de la Hégira

*Amigo mío, decídete, besa mi boca y no te marcharás, tierno
amado mío, ven, tráeme tus ojos hechiceros, dulce morenito,
qué suerte la del amante que duerma contigo...*

La esclava Al-Nadá, ama de Umm al-Kiram desde que naciera,
que la crió y la cuidó y la tuvo a su cargo bajo precio de su persona, revolvióse sobre sí misma y clavó sus ojos de ámbar en la
muchacha, que despistadamente jugueteaba con el agua del es-
tanque en el jardín. ¡Que Alá se apiade de ti, muchacha incons-
ciente que va a quitarme la vida! Al-Nadá gritaba agitando sus
brazos y se había arrodillado sobre la hierba y no paraba de for-
zar su viejo cuerpo en gestos desproporcionados que más que
abluciones de oración, parecían ser hechos para provocar la risa
de su ahijada. ¡No hubiérame permitido Alá escuchar tus palabras si en verdad Él me amase! ¡Tamaño desacierto, semejante
oprobio para tu familia no quiera Él que sea puesto en oídos de
tu padre, y menos todavía en el de tu tío Al-Mutasim, bienha-
llado, señor de Almería, príncipe elegido por Alá, benefactor de
tu familia, dueño de este palacio de Al-Sumadihiyya que tú ha-
bitas, tan regaladamente, y donde he pasado toda mi vida, a
punto de extinguirse con lo que acabo de escuchar por tu boca!
Umm al-Kiram suspiró por toda respuesta, entornando sus
bellísimos ojos azules, tan bellos y tan azules que parecían el
puro reflejo del agua al pasar bajo dellos. La vieja esclava Al-
Nadá seguía sacudiendo su gordura pretendiendo lograr la dis-
culpa de la niña, y como no lo consiguiera, y como ya se le ago-

taran las ganas de gritos y sus carnes se le resistiesen a seguir por los suelos, determinó sosegarse un momento y recomponerse para ir junto a su mimada Umm y que ella le explicase el afán de esos versos descarados. Niña mía, motivo de mis desvelos, perla de la noche de mi existencia, que Alá guarde a las dos, a la perla y a la noche, bella niña mía, hermosa gacela que en tus ojos y en tu boca se lee la pureza, cómo es posible hallar entre tus labios versos tan diabólicos como los por mí escuchados, esa moaxaja propia de bailarina ambulante, si sabes que no es costumbre de buena cuna el que la mujer solicite al amante en sus versos, ni aun que lo desee con sus declaraciones, y que sólo requerir la presencia amada es propio de hombre, o de tierno efebo, que sabemos que es buscado por los más maduros, pero no de muchacha virgen, y aún menos de noble hija de la familia Banu Sumadih, pariente del rey de Almería, que Alá conserve a su derecha, y educada con esmero y especialmente, hija mía, dónde aprendieras tú esa canción impropia de ti, si no sales de Palacio, si sólo una vez fueron sus límites traspasados por tu exquisita persona, hija mía, el día que tu tío quiso celebrar el final de las obras y os llevó a ti y a todas las demás mujeres del harén, y a mí misma, llevónos a la torre de un ministro suyo, a las afueras de Almería, desde donde se divisaba todo el palacio en su esplendor, y quiso celebrarlo, jubiloso, con toda su familia, y sus servidores, y sus chambelanes, y no quedara en Al-Sumadihiyya más que un pequeño ejército de guardias para celarlo, y aun ese día no fueras vista por extraño alguno a los comunes de palacio, pues las mujeres todas fuéramos llevadas en literas y palanquines adornados con preciosos cobertores delicadamente tejidos y otras telas exquisitas que ocultaban la mercancía que las jamugas portaban, cómo, entonces, haya ocurrido que verso de tan atrevida factura salga de tu boca, dime qué alma oscura y malintencionada te ha enseñado la moaxaja que está matando la mía.

Mas, viendo que su niña Umm seguía sin responder, el ama tiróse a sus pies suplicándole que le hablara, que le dijera qué mal la estaba aquejando y se había adueñado de su proceder otrora respetuoso y afable y aun cándido como correspondía a muchacha de tal noble condición, y fue que al mirarla al rostro, helósele la sangre al ver que sendas lágrimas caían por las mejillas de su ahijada, pálida como las rosas blancas, y reconociendo en su faz los síntomas del peor mal que podía aquejar a una doncella. Mal de amores tengo, ama. Si ya lo estaba viendo, si ya lo veía en la languidez de sus miembros, en la desviación de su mirada perdida en dirección al cielo, en los suspiros repentinos y profundos y entrecortados, y aun prolongados que brotaban de su pecho, y en la llantina incontenida que no sabe si es de alegría por lo desconocido que siente, o si de miedo por eso mismo, o si de tristeza por la ausencia del que se lo hace sentir, o si de miedo a perderlo, o si de pánico a que él no la ame, o si de gozo por la esperanza de verlo y de que te abrace, o si de impaciencia por colmar tus deseos, o si de desconcierto porque no eres dueña de tus actos, o si de azoramiento por todo ello junto y a la vez, que ella misma conocía el mal y ahora lloraban las dos, y la muchacha lloraba de angustia amorosa, pero la vieja lloraba de angustia de recordarlo, que el mal de amor es carcoma que mata como serpiente, y sólo en él mismo está el remedio para sanarlo, igual que sólo en la víbora está el antídoto a su veneno.

Maravíllate y regocíjate conmigo de lo que logra esta enfermedad de amor, que no es sino pasión ardiente, pues hace descender a la luna de la oscura noche desde los cielos hasta la tierra. Amo de tal suerte que si él de mí se separase, mi corazón donde fuese lo seguiría. Las lágrimas de la enamorada Umm al-Kiram eran brasas rusientes en el corazón de Al-Nadá, que sabía cuánta desdicha acarrea el amor sentido en una mujer de noble cuna, obligada al confinamiento de por vida en el harén de la familia o del esposo, por ser tan valiosa en su linaje, en su herencia y en su descendencia, que bien se ocupan los padres, los esposos o los hermanos varones de guardarla.

Las apasionadas palabras de Umm al-Kiram habían llamado la atención de sus primas, que se divertían cerca della en el jardín del harén, aproximándose curiosas y atrayendo justamente a sus amas, y a otras esclavas que portaban las sombrillas y los pañuelos, y los cestos de frutas y también a las aguadoras, y de tal suerte que vieron el grupo las otras esclavas que podaban los setos y limpiaban los arbustos de artemisas y las bordadoras que aprove-

182

Las nobles

chando que ese día no soplaba el viento típico de Almería, habíanse sacado la labor a los jardines, y también todas ellas se iban acercando, igual que las esclavas madres, dos de las cuales ya lucían abultado embarazo, y las cantoras que descansaban de una larga noche de convites a la sombra de las palmeras, con todo lo cual formóse un grupo de más de cuarenta mujeres arracimadas sobre la hierba alrededor de Umm, y los guardias eunucos no dijeron nada y las dejaron estar, porque con todas juntas ellos no podían y preferían hacer la guardia en otro sitio. Las dos primas de Umm, osadas y charlatanas, con tantas ganas de diversión que no parecían princesas a decir de Al-Nadá, alborotaron cuanto quisieron y pedían a su aflijida prima que contase detalles de sus amores. Que quién es, que cómo se llama, que cuáles son sus gracias, preguntaban, y se reían escandalosamente haciendo reír a las otras mujeres y provocaban las riñas de Al-Nadá y de alguna otra vieja juiciosa, que cuándo vas a verlo y cuántas notas te ha escrito, y qué palabras de amor te dedica, y que si ya te hizo regalos, y que si ya te desgranó la fruta, y de ahí pasaban a preguntas obscenas y a descripciones atrevidas de besos y caricias y posturas amorosas y otras cosas tan impúdicas que casi están a punto de provocar que Al-Nadá llamase a los guardias para disolver la reunión, entre gritos y comentarios y risas y gestos de las otras, pero Umm al-Kiram alzó una mano en señal de que iba a hablar para cumplir con la curiosidad de las jóvenes y para sosegar los ánimos exaltados de las ancianas, por lo que todas se calmaron y atendieron a la muchacha.

Pues necesito hablar dello, sea, os referiré la crónica de mis amores, y el nombre del que ocupa mi pecho y desvela mi sueño, y por el que apenas si me entra alimento y sólo con sus ojos siento yo que me nutro. Mas no esperéis relato de encuentros carnales que exciten vuestros sentidos y vuestros pensamientos, ni os he de contar cita alguna pecaminosa, ni habrá en mi historia desvirgamiento ni rapto ni tocamientos a escondidas en los laberintos de los jardines, pues nada dello tuvo lugar en el corto espacio de tiempo en que Alá, el magnífico, regidor de todos los destinos, me designara para elegir al dueño, desde entonces, de mi corazón. Pues sabréis que fue en las jornadas que trajeron la visita del nue-

Umm al-Kiram 183

vo rey Al-Mundir de Denia, el pasado mes de safar, cuando, en la audiencia oficial que nuestro rey amado Al-Mutasim ofreció en el maylis principal de Palacio, el gran salón de mármol rojo, a la representación de la corte de Denia, venida para tratos con nuestra provincia pues se interesa en las mercaderías que se establecen en el puerto de Pechina de Almería, el día miércoles en que sus ojos se cruzaron con los míos, y desde entonces no hallo el sosiego. Recuerdo, como si fuera esta misma mañana, que el gran salón de gala había sido decorado espléndidamente y en medio se levantaba el trono de nuestro rey, incrustado en joyas que al roce de los rayos del sol filtrado por los ventanales, parecía herir los ojos, y a su derecha colocábanse tres de sus hijos principales, y a su izquierda los otros dos, y luego los visires, cada uno en su puesto a la derecha y a la izquierda del trono, los chambelanes, los hijos de los visires, los libertos del rey y los oficiales del Palacio, además de los poetas de la corte, los secretarios y los servidores. Más atrás dispusiéronnos a las esposas, hijas y demás mujeres familiares del rey, por una vez y en señal de confianza con el rey de Denia, junto a los demás parientes varones de Al-Mutasim, sin necesidad de la protección de las celosías del salón, y justo pensaba yo que entre tanto gentío que éramos nosotros los de Almería, y otro tanto que se traía el de Denia, casi no iba a ser bastante el maylis rojo de Palacio, y que quizá tuvieran los eunucos que abrir las puertas grandes y unir el salón con el corredor y el pasillo, y así mismo casi tiene que ser, aunque, por gracia de Alá, el jefe oficial de los eunucos guardias se empeñó en meternos todos juntos e hizo entrar, por fin, al cortejo del rey de Denia, que traía igualmente a príncipes, hijos, visires, nobles, guardias, altos funcionarios de su Estado, jefes de las tropas, servidores personales y sirvientes de la corte, y aun esposas principales, hijas, esclavas distinguidas y guardadoras, y por fin a los porteadores de bultos y regalos y presentes que les tuvieron que hacer sitio para poder pasar, y los poetas que pedían lugar privilegiado para recitar sus panegíricos y alabanzas a uno y otro monarca, por lo que el grupo de mujeres donde yo me encontraba quedó muy cerca del grupo de servidores personales del rey, donde él se hallaba, no pudiendo por menos que hacer girar mi vista hacia donde una fuerza irresistible me llamaba, topándome con sus ojos, cuya mirada intensa como el fuego, penetró en lo más hondo de mi ser.

Sin apenas respirar habíanle escuchado todas las mujeres el relato de su encuentro, sintiéndose hechizadas por el mismo hechizo que mantenía la voz de Umm en un tono medio-bajo, sensualmente misterioso y sugeridor de lo que no decía por pudor. Una de las primas pidió detalles de lo que ocurrió en los días posteriores, y la muchacha relató cómo habíalo visto al doncel en otras recepciones en público, donde la esclava favorita del rey su tío, la bella Gayat al-Muná, a la sazón afamada y exquisita cantora, había deleitado veladas de correspondencia familiar, y siempre él había buscado pretexto para saludarla, o para acercarle la bandeja con perfumes o para alabarle la hospitalidad de su tío, igual que cuando Gayat entonaba las casidas de amor favoritas del rey, entonces él buscaba los ojos della con los suyos, y la miraba tan fijo y tan ardiente que parecían salir rayos y centellas de esos ojos tan grandes y tan seductores, y que su piel erizábasele desconocidamente, y su cuerpo era recorrido por un frío que no era de muerte, sino de nueva vida y que pronto se trocaba en calor que le subía a las mejillas y había de colocarse el velo sobre el rostro con disimulo para no provocar murmuraciones, y aun así sus ojos no podían apartarse de los de él. Otros días ocurría que, al amparo de las horas tranquilas que procuraba la siesta, y, no estando él acostumbrado a ese sueño y ella no pudiendo dormirlo, habían paseado a solas por el patio que hay junto al harén, antes de llegar al jardín, sentándose junto a la fuente hablando de lo benigno del clima de Almería en ese mes de marzo, aunque tampoco noviembre era frío, y que sin embargo julio, era poco caluroso, y luego él pasaba a alabar los ricos minerales que producía Almería, que si bien el suelo de esta tierra no era pródigo en frutas, loado sea Alá, sí proporcionaba metales y carbones y otras riquezas del interior de la tierra, y muchas piedras, habíale contestado ella, y él se había sonreído, cautivado, y a punto estuvo de acercar sus labios a los suyos, pero entonces ella le había preguntado si le gustaban las artemisas y él le había dicho que las adoraba, y entonces ella le había prometido enviarle un ramo a sus aposentos, puesto que en los jardines de palacio abundaban y se cortaban a cientos, porque si bien la

Umm al-Kiram

tierra de Almería no producía casi ninguna otra flor, las artemisas sobraban y aún se comían la sustancia de cualquiera otra, y por eso se quitaban de los jardines, para dejar que crecieran las rosas y los jazmines... y era entonces cuando él había cogido su mano y le había besado en la palma abierta tan dulcemente que todo el cuerpo se le había alborotado, y los latidos del corazón se le agolparon en la garganta, y le había entrado un deseo repentino de tocar su pecho y sus hombros, y de besarle en los labios y de que él la besara, y más aún, sentía un impulso irrefrenable de unir su cuerpo con el de él y de yacer juntos, aun sin saber qué significaba eso.

En este punto el sofoco interrumpió el relato de la muchacha y todas aprovecharon para tomar resuello y abanicarse un poco, las aguadoras repartieron cuencos con agua fresca y las viejas dijeron a las esclavas más niñas que era hora de las clases, pero éstas se negaron a volver a los salones del harén hasta que Umm al-Kiram no hubiese terminado de hablar. Después de algunas de esas tardes furtivas, un fuerte viento había azotado las tierras de Almería durante varios días, y no habíanse visto, pero él le había hecho llegar un billete donde le declaraba su amor, un amor imposible de detener, decíale que rugía en su pecho como un tigre enjaulado y batía sus alas como una paloma en vuelo, que la amaba como las estrellas aman a la noche, o como el río ama el lecho por donde discurre, que sus cabellos de oro competían con el sol del desierto y sus ojos azules eran la envidia de las turquesas y los topacios y las aguamarinas, y que su boca la llevaba clavada en el alma y sólo pensaba en acercarla a la suya, y que ése y otros pensamientos le estaban robando la paz. Ay, como a mí la mía, proseguía Umm, y entonces vino la amarga despedida, sin otro día de soledad entrambos ni podernos entregar más que una mirada de adiós cuando la comitiva y el rey de Denia marcharon, y desde entonces ni vivo, ni duermo, ni como, ni me alegro por lo cotidiano, sino que sólo sueño con él, y suplico a Alá me haga saber si hay forma alguna de estar solos, sin testigos ni espías, ni miedo ni pudor. ¡Qué maravilla! ¡A solas quiero estar con un amado que vive aunque aquí no esté, alojado en mis entrañas y en mi pecho!

Has de decir cómo se llama y le mandaremos recado, prima,

para que acuda el día que determines, al puerto, y te vestirás de esclava para salir de palacio, y nadie ha de acusarlo al rey, yo te acompañaré, pues ya otras veces me recorrí el mercado del centro y el puerto de Almería, vestida con las ropas de mi esclava a mi antojo y libre de prejuicio por verme noble a otros ojos, y te aseguro que es de gran disfrute el hacerlo, y te enteras de cosas, y vives de otro modo, y así disimulada, puedes hacer lo que te plazca y a nadie importuna tu presencia, ni incomoda tu plática, y llevas el rostro descubierto y preguntas y te contestan, y entonces, allí citado, que él acuda, y os habláis, y aun otras cosas, y planeáis tu pedida de mano. Calla, pardiez, desvergonzada, que aunque no soy tu ama, por tal puedes tenerme y con derecho a darte un azote si sigues hablando desa manera, recriminó Al-Nadá, dónde se ha visto tamaña falta de cordura, y que no me entere yo que te disfrazas de lo que no eres para chafardear y corretear las calles, o te habrás de encontrar con lo que te mereces, que como princesa has de guardar tu honra y tu hacienda para el esposo que el rey y Alá te elijan, y no protestes, o mando avisar a tu padre, y tú, niña Umm al-Kiram, di quién es el tal mancebo de la corte de Denia, que hemos de hallar remedio a tus males como sea menester hacello.

Ama querida, dichosa me harías y salvarías mi vida con ello, el moreno de mi alma es As-Sammar, el fatá al servicio de Al-Mundir famoso por su belleza, de ojos como azabache, dientes como perlas y piel como la noche tibia de primavera.

El gesto del ama crispóse y palideció su rostro con lo oído. Alá sea loado, Alá sea contigo, pobre desgraciada, qué has hecho, trayendo la deshonra a esta casa y la pena a mi alma, Alá se apiade de ti, hija de la familia Banu Sumadih de Almería, que te has enamorado de mancebo de relación dudosa, plebeyo, liberto, eunuco y, por si fuera poco, negro como el tizón, dónde se te nubló el juicio para fijarte en moreno semejante, tú, que eres la perla de este palacio, el orgullo de tu familia, nacida hermosa de piel blanca como los hijos de Al-Nasir, que Alá guarde, y de ojos azules como los cielos, nacida para dar herederos ilustres a tus apellidos, inteligente como no hubo otra muchacha en el harén, y con educación esmerada, no sólo por el estudio del

Corán y la gramática, sino además por la lectura de los clásicos y de las grandes obras de historia y filosofía, y porque nobles poetas te mostraron el arte de hacer poesía, y por eso eres capaz de formar rimas complicadas y de hacer bellas casidas y recitar rissalas de tu invención, cómo, si no hubiera visto tu señor, y mi señor, en ti dotes de inteligencia viva y avisada, te habría procurado estudios no comunes a las mujeres, si no fuera porque esperaba de ti respuesta a la altura de tus dones, y dices ahora que mueres de amor por un negro, hija mía, que los negros no le importan a Alá, tu Dios y el mío, y vienen de ese mundo desierto que es Ifriqiya y de aún más abajo, que sólo por el gran califa Al-Nasir fueron entrados en nuestras tierras y como esclavos de los más bajos, inferiores en rango a los esclavos blancos y aun a los bereberes, y sólo para hacer bulto en los ejércitos y mandarlos a ser muertos los primeros. Y después de aquel gran señor omeya, pocos fueron quedados aquí, porque nadie los aprecia ni estima, y porque mueven a desconfianza, y sólo apetece la piel de color mulato en algunas mujeres para el harén y para solaz de su señor, que hay dueños que gustan la variedad del negro al tacto y a otras cosas indecentes que en ellas hallan, pero aun así repudian los hijos mulatos dellas habidos, pues están mal vistos, y conocemos algunos bastardos morenos que no encuentran asiento a pesar de proceder de noble padre porque la negrura de su tez no es buena recomendación, y vienes tú a decir que quieres unirte a uno desos que ni hijos ha de poder darte, y aun peor si te los diera, liberto de hace poco, plebeyo e indigno de una princesa.

Ya no había jolgorio entre las mujeres que habían escuchado los amores de Umm al-Kiram, y ahora, entre que la tarde se acercaba y que el asunto se pasaba de amores a cuestión política y de familia, la mayor parte dellas, sobre todo las más jóvenes y las esclavas con ocupaciones, habíanse ido marchando poco a poco y en silencio para no molestar y prefiriendo no seguir oyendo el resto de la tragedia, a pesar de las ganas de seguir alparceando. Una de las amas ancianas, pretendiendo aliviar el pesar de Al-Nadá, le recordó que también el visir de Almería Ben Al-Haddad, culto y refinado y amigo del gran filósofo Ibn

Hazm, habíase enamorado de la esclava Nuwayra que ni siquiera era musulmana, sino mozárabe porque aunque vivía según la norma dellos, conservaba sus creencias cristianas, y el visir tuvo hijos con ella, y todos eran bien nacidos y considerados. ¡Pero ella no era negra! Bramó presa de la ira Al-Nadá, con lo que la anciana diera por concluida su buena intención y también se marchó al interior del harén, haciendo señas al resto de las esclavas y servidoras, para que hicieran otro tanto, en evitación de males mayores. Las dos primas, medio levantándose para irse, medio quedándose, desconcertadas, lloraban sin querer llorar, no sabiendo si lo hacían de ver llorar a su querida Umm o de adivinar el castigo que sin duda habría de llevarse, y por tanto, ya, sintiendo sobre sí mismas las prontas consecuencias de su falta, que seguro se traducirían en más severidad en las normas para las mujeres de Palacio, y más reclusión, y más aislamiento y menos contacto con el mundo exterior, es decir, ninguno.

Cálmate ama, no vayas a abandonarme tú ahora, pues voy a necesitarte para hablar con el rey y pedirle mi libertad para ir con mi amado As-Sammar, aun a costa de su enojo y de ser repudiada por la familia, y preciso tu cariño y tu comprensión, y tu complicidad como siempre la he tenido, igual que cuando quise recibir instrucción y cuando quise tener maestros varones poetas. Umm al-Kiram había decidido que el llanto a nada la conduciría, y más le interesaba hacerse entender y querer por quien podría ayudarla. Y ya cuando el ama Al-Nadá habíase sosegado y se hallaba dispuesta a idear una estrategia para conseguir los fines de su ahijada, llegóse hasta ellas un eunuco de confianza que acompañaba una exhausta mensajera procedente de Denia, con recado para Umm al-Kiram que traía en un pliego firmado. La anciana hizo saber al eunuco que tomaba buena cuenta de su gesto al evitar que el mensaje pasase a manos del rey, como era la norma con las mujeres de Palacio, y que recibiría prontamente su recompensa, y luego le ordenó acompañar de vuelta a la mensajera para que regresase a su casa, no sin antes darle de comer y de beber y una bolsa con quince dinares como pago por su viaje de varios días. El mensaje estaba escrito con letra presurosa y sin excesivos cuidados, con unos trazos cortos y otros largos, y borrones y gotones de tinta esparcidos, como de quien tiene prisa y más le interesa el contenido de la misiva que su redacción y su forma.

Amada princesa de mis sueños, niña Umm al-Kiram que, desde que te viese, las maravillas de la Tierra eclipsáranse a mi entendimiento y nada ni nadie me ofrece más motivo de existencia que pensar en ti y desear tu presencia, y en soñar la soledad contigo paso noches enteras y los días se me antojan años por tu lejanía y sufriendo este mal de amores me regocijo en mi dolencia sólo por saber que eres tú quien la provoca y de esperar que seas tú quien la sane, has de saber que tu tío el rey Al-Mutasim de Almería enteróse de tus deseos por tus casidas escritas alabando mi negra belleza y cantándole a la luna y a las estrellas el tierno amor que nos une, y has de saber que ello en nada le complaciera y en todo le enfureció, y mandó emisarios a la corte de mi señor Al-Mundir de Denia, que le explicaron lo imposible de la relación tuya conmigo, y que me hicieron llamar para avisarme de lo ocurrido, y que en cuanto contaban, feliz me hacían a pesar de la gravedad que leía en sus rostros, pues narrábanme con todo lujo de detalles lo que de mí decías en tus poemas, y cuanto más describían tus versos sobre mi persona y el amor que en ti anida, cuya belleza y pasión me desbordaban, más crecía su enojo, recordando el furioso enfado de tu tío, y esto igual me lo narraban, y más dichoso yo me hacía, en contra de lo que hubiese sido lo cuerdo, que sería haberme echado a temblar de miedo y negarlo todo, pues los emisarios venían para hacerme prender y llevarme preso y asegurarse de que nunca más pudiese volver a verte, por lo que, debiendo mi rey conservar los pactos con tu tío, por bien de los negocios de Denia y por política, autorizó a que los guardias pusiesen grilletes en mis pies y manos, mandando cerrar mi casa y requisando mis escasas propiedades, y sólo permitiéndome un deseo, escribirte esta última carta que te hago llegar en secreto a través de la hija del único amigo que ha querido ayudarme, Alá lo recompense en mi nombre. Los guardias han dicho que me van a matar, que su orden es enterrarme una vez muerto a las afueras de Denia y silenciarlo todo, y que mi rey Al-Mundir me registrará como desaparecido y pronto se olvidará todo, pues no soy ni noble ni militar ni poeta, y nadie investigará, por si acaso. Cuando recibas ésta, por tanto, ya estará cumplida la sentencia, y nada podrá hacerse, y aunque supongo que sufrirás, deseo que no te desesperes, pues muero feliz de servir a causa tan hermosa como es ser culpable de amarte. Ya muerto acudiré contigo y nadie podrá evitar que te acompañe, no llores, por tanto, por mi suerte, pues estaba escrito que por ti yo tenía que descubrir la felicidad verdadera, que está de cualquier manera a tu lado. Tus versos, que otros vean como la soga a mi cuello, han sido por contra, alas para mi pecho.

Tu amado As-Sammar.

SANCHA RAMÍREZ

Infanta de Aragón y condesa de Urgell
Un lugar del reino de Navarra
Era 1120. Año vulgar de 1082

La condesa doña Sancha venía airada. Desde que entrara y hasta que saliera de Pamplona, los canonjes de la iglesia de Santa María le habían recriminado que pasaban hambre porque entregaba excesiva parte de la recaudación de diezmos al señor rey para sus guerras. Y, además, había tenido que poner al obispo en su sitio, por lo de siempre, por los dineros, amenazándole con destituirle, puesto que el rey Sancho Ramírez, su hermano, había viajado a Roma, se había postrado ante el Papa, que lo había ungido como si se tratara de un nuevo rey David, y había aceptado el reino de Aragón bajo su protección. Y, además, se había traído el encargo de sustituir en sus tierras la vieja liturgia hispana por la romana, a despecho de cualquier lego o seglar que no estuviera de acuerdo con la reforma. Por eso Sancha había podido intimidar a la máxima autoridad eclesiástica de Navarra, el otro reino de don Sancho, pero el negocio le había dejado mal sabor de boca, un cierto sabor amargo, y su rostro mostraba honda preocupación, no ya porque el prelado no le diera su bendición al despedirla sino porque se habían conjurado las iras del cielo contra ella y nevaba, en el mes de abril, fuera de estación, como si estuvieran sueltas todas las furias de la naturaleza y, con todo, no había de llegar al monasterio de San Pedro de Siresa para el Jueves Mayor, y tenía prisa porque había de dirimir asuntos de importancia. Y es que nevaba, nevaba como no se había visto por aquellas latitudes. Y así era imposible llegar a parte alguna.

La dama animaba a sus gentes con buenas palabras y les lanzaba miradas de aliento pero ellas se las devolvían sombrías, porque la tormenta arreciaba y la noche caía vertiginosa. Los hombres azuzaron a las mulas con intención de seguir la marcha y de refugiarse en la cueva del Santo Hombre de Salariña, pero iban maldiciendo, gritando que fue idea mala dejar la canal de Berdún y subir hasta el barranco de Gardalar, atravesando el valle del Roncal de oeste a este, en vez de esperar y tomar el río Aragón hasta llegar a Ansó.

En esto se atravesó un carro en la vereda, pues se le partió una rueda. La compaña de la condesa doña Sancha quedó apresada en la nieve, y no valió que la noble dama o sus mayordomos ordenaran a los criados y a la gente de tropa lo que habían de hacer, que las bestias, como puestas de acuerdo, se plantaron en el camino y no quisieron avanzar más, y eso que los hombres las golpearon con saña, tratando en vano de enderezar el carro.

Una nevada que se recordará, ¡válganos Dios!

Los hombres se rindieron ante las adversidades climáticas, descabalgaron y se quedaron mirando a doña Sancha. La infanta, como no se debilitaban ante el moro o ante otro hombre, como estaban ensopados y el mal tiempo no se podía arreglar, los dejó descansar y les ordenó que prepararan el campamento, pues les vendría bien a todos secarse la ropa.

Todavía la condesa no había puesto pie en la tierra y ya se despertó el pequeño infante Alfonso, su sobrino, que venía durmiendo entre los muchos baúles de su señora tía, en un carro, bien tapado con una piel de oso mora, de las curtidas en Sarakusta, sumándose de inmediato al vocerío, pues niño de nueve años empezó a arrojar bolas de nieve a todos y, luego, cuando se cansó de ello, a rebuznar como las mulas, a relinchar como los caballos, a cloquear como las gallinas y a aullar como los lobos; a brincar, a pulular por el campamento, a ayudar a los soldados que levantaban las tiendas, a encender las hogueras, y a estar aquí y allá, estorbando, en fin; mojándose todo, pues la tormenta iba en aumento, hasta tal punto que los aislados por la nieve no podían prender fuego ni encomendándose al Creador.

Los hombres lo mandaban al lado de su señora tía, para que no les ladrara como un perro cerca del oído, pues era bicho el crío e iba a meterles miedo en el cuerpo, cuando ya tenían suficiente pues aquella noche, que habrían de pasar al raso, los visitarían las fieras carniceras, los osos, los lobos y todas las alimañas del bosque para devorarlos, si no fallecían de congelación en aquella maldita primavera, y le pedían en voz baja que se fuera de su lado, pero el chico no se daba por enterado e insistía en sus juegos.

El caso es que el pequeño Alfonso estaba sacando a los hombres de quicio, que a gusto la hubieran emprendido a trompicones con él, pero era el hijo del rey y el sobrino de la condesa Sancha, y no podían descargar sus iras contra el niño, mal que les pesara, porque les estaba poniendo muy mal cuerpo, vive Dios, silbando como un reptil, rugiendo como una fiera y, desmandado, conjurando al demonio para que terminara la nevada, y ellos sin poder contárselo a la infanta, que andaba con sus monjas, las que llevaba de Santa Cruz de las Serós en sus desplazamientos, muy ocupada revisando sus baúles.

¡Los baúles, gran Dios! ¡Cinco carretas repletas de grandes arcones! ¡Cientos, miles de arrobas que habían de cargar y descargar! ¡Doña Sancha llevaba la casa a cuestas! Y ellos no paraban de viajar con los baúles arriba y abajo, para acabar, hoy, prisioneros de la nieve, todos mojados y tiritando que, si no por las fieras, habrían de morir helados, que ya las manos no eran suyas, que ya no podían moverlas y sólo habían conseguido encender un fuego para tanta gente, y el crío, incansable, la emprendía otra vez con las bolas de nieve contra ellos.

Y la dama inspeccionando el carro rico —así lo llamaban—, el que transportaba sus preciosas pertenencias: las reliquias, las sacras, los calvarios, los libros, los dineros, los pergaminos, las ropas de corte, el enorme plumazo, que hubiera causado envidia a un sultán, y la magnífica capa de drap de Carcassonne, que le regaló la condesa Ermessenda de Barcelona el día en que la señora maridó con el conde Armengoll III de Urgell, tal se decía del drap... Y la dama que se vestía con el drap, y que mandaba montar un altarcillo y llamaba al preste para que rezara completas... Y el niño que, ahora, se dedicaba a gatear entre los hombres y a morderles en las pantorrillas... Y menos mal que un

194 *Las nobles*

soldado gritó: «¡Ah!», tan fuerte que se volvieron todos hacia él, y que entre varios agarraron al crío y se lo llevaron a su tía que, viéndolo sucio de tierra y que se podía escurrir, le dio un pescozón, lo metió con ella en el drap, y no le dejó cantear. Así, aunque aquella noche cenaron frío, pues no se pudo encender el figón, los hombres se quedaron un tantico más tranquilos, pues que ya sólo tenían que estar pendientes de las fieras verdaderas, que rondaban en la lontananza, y moverse para no morir helados.

La tía se entró en su tienda con el sobrino. Las gentes hubieran querido oír llorar a Alfonso, en justa venganza, pero lo escucharon reír. Cuando doña Sancha lo veía se le iluminaban las mejillas, la criatura era la niña de sus ojos como ya lo había sido el infante Pedro, el hijo mayor de don Sancho Ramírez, porque la dama había dado crianza a todos los hijos de su hermano y, como no tuvo hijos propios, vertió sus anhelos de madre en ellos. Pero, a éste, a Alfonso, lo estaba malcriando, acaso ¿no le estaba haciendo carantoñas cuando le debía dar una somanta de palos?

Doña Sancha le hablaba al niño, ea, ea, tratando de calmarlo, pero la criatura estaba muy excitada, además, tiritaba y para la dama que tenía fiebre, que, quizás, estuviera incubando una pulmonía, por la mojadina, y le limpiaba la tierra que llevaba en la cara con un paño húmedo que, a momentos, se le quedaba helado en las manos. Lo envolvió en la piel de oso y Alfonso entró en calor, de dormir no quiso saber nada. Es más hasta el alba se estuvieron oyendo sus risas en el campamento.

La tía y el sobrino jugaron a tablas. Cuando doña Sancha perdió tres veces quiso cambiar de juego. El niño la instó a que le contara su historia preferida, la valerosa muerte a manos de moros del conde Armengoll III de Urgell, que falleció en una algara, después de conquistar para el rey de Aragón la plaza fuerte de Barbastro.

La condesa dudó, como siempre hacía, porque el episodio le traía amargos recuerdos y por descansar un poco, pero ante la insistencia del niño habló de esta guisa:

«Me casó mi padre, el rey Ramiro, que haya gloria por los siglos de los siglos, con el conde Armengoll de Urgell, el tercero de ese nombre, y fuime a Ager, a los trece años, rodeada de mis damas, con mi carta de arras en una preciosa arqueta, a maridar, contenta de que el rey de los aragoneses sellara pacto con mi futuro esposo, que es mejor llegar a un país siendo fruto de una alianza llamada a durar, al menos en intención, que no casar por casar. Las bodas y tornabodas fueron espléndidas. El conde, los señores y los obispos me agasajaron. Condes y condesas me hicieron grandes regalos. La señora Ermessenda de Barcelona me envió esta tela, que tanto me ha servido desde entonces —decía señalando el drap de Carcassonne—, los reyes moros de Sarakusta y Lérida también me remitieron ricos presentes, y todo hubiera ido bien a no ser que, pronto, se torcieron las cosas. Que, a don Armengoll, mi marido, le entró prisa por volver a la guerra, por correr moros en la frontera y por poblar tierras, que el hombre llevaba la guerra en el alma, y me dejó en el castillo con mis hijastros, el futuro conde Armengoll IV y con doña Isabel, la que casaría con tu padre, la esposa que precedió a tu madre, los dos andaban muy unidos y ninguno me quería bien. Y yo me aburría terriblemente, Alfonso, hijo, que no es como ahora que voy y vengo y hago y deshago y sirvo al rey, que, allí en Urgell, sólo se veía bien que las condesas cosieran y atendieran a sus hijos, pero yo no tenía a quien cuidar y, además, en ausencia de mi marido el gobernador era su hijo, Armengoll IV, un ambicioso.

»Y llegaban noticias al castillo de las guerras de mi marido, de sus victorias contra moros, de la estabilidad de su alianza con don Ramiro, mi padre, de la amistad que le tenía mi hermano, tu buen padre, y yo no me holgaba con las buenas nuevas, porque don Armengoll era un buen hijo y un buen hermano para mi padre y mi hermano, es decir, para tu abuelo y tu padre, ¿sigues el parentesco, niño?, pero un mal marido, pues no se ocupaba de mí. Me ignoraba, hijo, como si no existiera, escribía a su hijo y a mí no, y eso que no le había hecho nada ni dicho apenas nada, que no tuve tiempo. Y, cuando partió doña Isabel con mucho aparato a desposarse con tu padre, mi hijastro se enconó conmigo, comenzó a decir que mi padre me había dotado poco, escasamente, como no se hace con hija, que las tierras del Cinca que me había dado valían poca cosa, que debió darme predios en Jaca o alguna villa de Navarra, y aún añadía que mi padre se olvidó de mí en su testamento, lo que fue cierto, niño. Te informo para que no hagas tú otro tanto, para que, cuando seas hombre y hagas testación, no dejes fuera a ninguno de tus hijos, que sabe malo. Que entonces te preguntas para qué has tenido tal padre...

»Y yo, que era moza, me disgustaba y lloraba en mi aposento... Hasta que conocí que mi hermano y mi marido, con otros muchos señores de países del norte de los Alpes Pirineos, lanzaban una terrible ofensiva contra la ciudad mora de Barbastro, que la estaban asediando, que la habían conquistado... Porque tuvieron suerte, Alfonso, te lo digo, una piedra cayó sobre la canal taponándola, una canal muy antigua, a lo menos construida por los romanos, hijo, que abastecía de agua a la población, y los sitiados se rindieron bajo la seguridad del *amán* porque se morían de sed, pero fueron asesinados. Los cristianos entraron en la ciudad, se repartieron el oro, las joyas y las mujeres, sin hacer distingos entre viudas, casadas y niñas, que no se hace eso, Alfonso, métetelo en la sesera para cuando seas capitán, y se dieron la gran vida durante un invierno entero.

»Poco antes había fallecido mi padre y señor... Y yo estaba apesadumbrada por su muerte y por la conducta que, según se oía, observaba mi esposo: que vivía en Barbastro de tenente del rey, como un sultán, vestido con ropas árabes, rodeado de oro y de alfombras muy valiosas, bebiendo, yaciendo con todas las mujeres de la casa que le tocó en la repartición, pues a las mujeres las redujo a esclavas.

»Ya ves, hijo, mi marido dándose al vicio, y eso que los cristianos habían ido a tomar la ciudad musulmana con los pecados perdonados, por gracia del papa Alexandre, que envió bula, pero volvieron a pecar enseguida, al menos el conde de Urgell.

»Yo, alterada de los nervios, harta de Urgell hasta el tuétano, pedí permiso a tu padre para personarme en Barbastro y tratar de meter en vereda a aquel perdido que tenía por esposo, porque yo, hijo, nunca he entendido que los hombres no sean ca-

Sancha Ramírez 197

paces de controlar los humores que producen en el bajo vientre... Tú hazlo, Alfonso, no te dejes llevar por las pasiones... No mientas, si ofreces a los moros que te sirvan abonándote el *amán,* respétalos siempre, que sean tus vasallos también, que tu hermano Pedro te dará tierras y tú tendrás jurisdicción sobre muchos hombres de este reino... Oye, ¿quieres que durmamos un poco? ¿No? ¡No te cansas jamás! Sí, claro, ahora viene lo que más te gusta de la historia, la muerte del conde de Urgell...

»Mira, niño, voy a hablarte claro para que aprendas. Además, como tengo orden de tu padre de volverte a dejar en Siresa al cuidado de los frailes, porque ya muchos señores del reino se están haciendo lenguas de que llevas muchos días conmigo, y tal vez pase tiempo sin que nos veamos, te diré que el fallecimiento de mi marido me vino bien. Después de partir con su heredero, volvíme a Aragón y tu padre me dio quehacer... ¿Qué pasa ahora? ¿Que no quieres consejas, que quieres que cuente del conde?, bueno pues... Verás que salió el brioso conde de Urgell de la ciudad de Barbastro, donde vivía entre almohadones, el pecho henchido, montado sobre su mejor caballo, con una aguerrida tropa de hombres leales, en busca de unos moros que se decían los amos de un paso estrecho, de un congosto, como se dice por aquí, situado varias millas al norte de la población, sin escuchar al agorador que cató en palma de mujer y le encareció que no saliera, pero él no hizo caso y, creído de su buena fortuna y fatuo como un gallo, abandonó Barbastro a galope...

»Y subió la ribera del Cinca sin encontrar moros y se llegó a Olvena, al congosto, y lo atravesó al paso sin tomar ninguna precaución, y en esto los moros la emprendieron con él, le arrojaron enormes piedras desde las alturas y terminaron con los caballeros y los caballos cristianos. De ellos no quedó nada... Del conde un amasijo de huesos que tu padre, el rey, encerró en un arca de oro, que me entregó cuando me vine corriendo de Urgell adonde torné a enterrarlo...»

—¡Bueno, niño, se acabó, otro día más! ¡Nos vamos, los hombres están desmontando el campamento!... ¡Nos vamos, ha dejado de nevar...!

Arreglada la rueda del carro, la comitiva volvió al camino. El infante se durmió enseguida con el traqueteo. La condesa lo tapó con la piel de oso, y se metió en sus pensamientos. No le había contado al niño que el agorador que cató en palma de mujer en Barbastro no encontró ninguna virgen en toda la ciudad, como hubiera sido deseable para la predicción, por lo que tuvo que conformarse con lo que había, y que, pese a ello, dijo bien, ni que el conde Armengoll de Urgell, el ídolo de la criatura, no la había visitado en la cama mientras estuvo casada con él, quizá, porque ya tenía otros hijos, y que no cumplió como esposo. Ni que fue bueno para ella que falleciera don Armengoll porque así se vino a Aragón y estuvo ayudando a su hermano, el rey, con sus hijos y con los negocios de la gobernación. Y tantas cosas que no le dijo al niño...

LA SULTANA Y LA REINA

FÁTIMA

Sultana y reina, primera esposa de Abd al Rahman III
Al-Nasir Medina al-Zahra,
Córdoba. Año 329 de la Hégira

Su señor Al-Nasir acercábase ya por el corredor. Oía sobre el mármol rozando el suelo el susurro de la *zzihara,* la túnica ligera de seda con dibujos que se había hecho traer de Susa, y que siempre colocaba sobre sus hombros cuando venía a la cámara della, porque sabía cuánto la complacía verlo así ataviado, tan hermoso como el sol rojo del atardecer que se dejaba ver entre las columnas de oro del patio oriental de Palacio, llamado Al-Munis, donde Abd al Rahman III Al-Nasir había ordenado instalar los salones privados para su solaz, los baños, las dependencias del harén y las cámaras de las mujeres principales.

Ella, Fátima, su esposa coreichita, hija de Al-Mundir, siempre grande, nieta del emir Muhammad el poderoso, emparentada por su linaje al propio Al-Nasir, única mujer libre del harén y primera entre sus esposas, gozaba del privilegio de ser además la preferida para el amor por su señor califa, quien la colmaba de atenciones y la requería siempre que se hallaba en Medina al-Zahra, la espléndida.

Ella se hallaba de pie a la puerta de su cámara, erguida entre las doncellas y esclavas personales a su cargo arrodilladas como un racimo a su alrededor, a la espera de la llegada del señor de Al-Ándalus, regocijada porque la luna llena marcaba su período fértil y deseaba darle un nuevo heredero antes de su próxima partida a las campañas del norte en tierras de Galicia. Había escogido para la ocasión una camisa con reflejos de oro tejida con hilos de la madreperla marina tan buscada de Santarem, un *mizar* que le cubría la parte inferior del cuerpo hecho de seda roja

202
La sultana y la reina

de Tustar, fácil de desprender y de tacto sensual al cuerpo, la *musmala* de color marfil que su señor le trajo de tierras de Damasco que la envolvía por entero dándole aspecto de novia eterna, gemela de una estrella, hermosa como un ramillete de nardos tomados de los fastuosos jardines que rodeaban esa parte interior del palacio, el velo sobre la cabeza, en señal de respeto a su dueño y señor Al-Nasir, y un *litam* de gasa leve que le cubría la boca insinuando el dibujo de sus labios carnosos y ardientes, y para su brazo izquierdo un brazalete de oro con filigrana labrada y un collar de marfil que perteneciera a su madre en el cuello.

Fátima era muy bella, poseía una piel suave y blanca, diríase de azucena, y della hacía gala con frecuencia ante las otras mujeres durante los baños, y todas la adulaban por ello y por su linaje coreichita y por su parentesco desde antiguo con el califa, y porque sabían que a ella le gustaba y era poderosa. Su maternidad no había quebrado la tersura de sus formas, antes bien, había ganado en redondeces y exuberancia, cosa que en mucho complacía a su señor.

Todavía se hizo traer un pomo por su esclava Hamda y se perfumó un poco más entre los senos con esencia de almizcle, tan de moda entre la nobleza de Al-Ándalus, y que fabricaban especialmente para ella hábiles perfumistas del puerto de Darin en Bahrayn, con mirto, violeta, junquillo y amapola, aderezado con rosa y jazmín, y a veces también con el nenúfar y el girasol amarillo, con el cual aroma emanando de su piel al menor movimiento, ella se sentía más reina y más señora, y entornaba despacio los ojos para dejarse elevar por encima de su propio cuerpo, extasiada en las sugerencias de tan exquisito olor.

Lo vio aparecer, a su señor Al-Nasir, grande entre los grandes, dando la vuelta por el pasillo principal, jalonado a ambos lados por las cámaras de las mujeres del califa, que ya se habían retirado a su interior y tenían los cortinajes echados mostrando sumisión, aunque muy bien sabía Fátima que todas ellas estarían detrás mismo de las telas adamascadas, junto al dintel de sus puertas, a la espera de sentir la llegada del señor del harén, y escuchar sus pasos y sus palabras, y aun acertar a verlo disimuladamente tras la cortina al pasar cerca de sus estancias y poder co-

Fátima

mentar, al llegar el alba, los detalles de su vestimenta en esta ocasión, o la expresión de su rostro, o las voces oídas, o los regalos que traía, o cuántos sirvientes lo cumplimentaban, y todas esas cosas de que gustan charlar las mujeres en tanto tiempo que pasan juntas.

Al-Nasir venía acompañado de Nasar el eunuco, oficial jefe inseparable del califa a cuyo cargo estaba la defensa del palacio, y detrás venían siete servidores personales de su señor, cargados con afeites y perfumes de ámbar y agua de rosas, almohadones de tela bordada en seda y lana escogidos por el califa y para su capricho, copas de oro, vino del que es dulce al paladar, bandejas con frutas secas preparadas con azúcar de caña y pasteles de queso de Jerez calientes, los preferidos del rey, una camisa, otra túnica de repuesto y presentes para la reina Fátima. Eran seguidos por una pequeña orquesta de cinco músicos que portaban una lira, una mandolina, dos laúdes de cuatro cuerdas y una flauta, y dos esclavas cantoras que ya venían entonando canciones de loor al califa y poemas panegíricos que ensalzaban su grandeza y su generosidad. Cerraba el cortejo el esclavo encargado de seleccionar y probar los alimentos deseados por su señor, y completábanlo dos esclavas vírgenes que arrojaban pétalos de rosas blancas, tan apreciadas en la corte, al paso de Abd al Rahman.

Fátima elevó sus brazos en señal de júbilo, al otro lado del hermoso pasillo de mármol verde, y se arrodilló sin bajar el rostro, sin embargo, mirando acercarse a la comitiva, y disponiéndose a recibir a su señor esposo. Cuando ya lo sintiera cerca, suavemente inclinó la frente ofreciendo su persona para el designio del califa, que la tocaría con dos dedos de su mano y la ordenaría alzarse...

Pero antes que la voz esperada, la reina escuchó un rumor verde, un sonido extraño al ritual nupcial, una respiración entrecortada que no era la suya, y le pareció que una brisa verde la envolvía, un viento verde y frío, un aire frío e imprevisto como un cuchillo en la sombra, y vio el oro serpenteante de los bordes de la gilala verde de Maryam, esa túnica de gasa, verde como el musgo y como el mármol del bello patio, que se hacía poner en recepciones y ocasiones especiales. Fátima se incorporó de un salto, pero ya Maryam se había interpuesto entre ella y el califa, ligera como el gamo, silenciosa como la pantera, ágil como la serpiente, y había logrado interferir la comitiva, obligando a Al-Nasir a detenerse ante ella.

Maryam ceñía su cintura con una *tikka* de cordón dorado como los bordes de su túnica y hacía descansar sobre su pecho un collar de piedras preciosas entremezcladas, coralinas, esmeraldas, turquesas, azabaches y crisolitos, que destellaban compitiendo con el brillo punzante de sus propios ojos, y su abundante cabello cobrizo y ondulado caía suelto sobre la espalda con un aire entre natural, sensual y voluptuoso, pareciendo que eran llamas de fuego lo que rodeaban sus bellos hombros hasta la cintura y exhalando un penetrante aroma a junquillo y azafrán. Fátima sintió un estremecimiento que le heló la garganta.

—Alá te guarde por siempre, mi señor califa Abd al Rahman Al-Nasir, hijo de Dios, señor de Al-Ándalus, padre de mis hijos bienamados y dueño de mi persona, abro las puertas de mi alcoba y las de mi corazón a tu visita, esta noche, oh califa, pues me pertenece tu compañía hasta el alba.

Éstas fueron las palabras de Maryam, para desgracia de la reina Fátima, que palideció de rabia, y como la mirara con ojos inquisitivos su señor Al-Nasir, se apresuró a hablar, ignorando a la concubina Maryam:

—Mi aposento aguarda tu entrada, oh, mi dueño y esposo Al-Nasir, donde Alá me hará gracia de tu cercanía y yo cumpliré mi deber, para solaz y deleite de tus sentidos, a ti, padre de los creyentes, señor de esta mansión y de todo lo que ella contiene. —Alargó su brazo para atraer hacia sí al califa, pero Maryam detuvo su intención:

—Esta noche me pertenece, mi señor, pues he pagado con todas mis posesiones el derecho a que pases conmigo la velada hasta que tú decidas que ha salido el alba. Tu esposa me lo ha vendido y me ha firmado una escritura que autentifica mi demanda y va sellada y conformada por las otras esposas y ella ya ha recibido su precio y yo ahora reclamo lo que es mío. —Dicho lo cual, le tendió el pliego que horas antes Fátima como propie-

Fátima

taria y las otras como testigos, habían rubricado entre risas y burlas, creyendo estafar y engañar y aun dar una lección a la ingenua Maryam, que entregaba todo lo que era suyo a cambio de un imposible, pues, pensaba la reina Fátima confiada, que saldría de su error cuando, al ver que el califa no hacía caso de juegos entre mujeres, tendría que más pagar su compra con humillación, quedándose sin propiedades y sin noche con el rey. Pero Al-Nasir miró sombríamente a su prima Fátima, a la sazón su primera esposa, la más noble de entre todas sus esposas, a la que había elegido por su alta cuna y por su parentesco y su buena educación, y le reprochó su acción ásperamente, preguntándole qué riquezas podrían faltarle, si era la primera esposa y dueña con él de tantos tesoros, para vender su afecto tan vilmente.

—Y tú, Maryam, ¿en cuánto estimas tu herencia para cambiarla por una noche que no se te hacía tardar?

—Mi señor rey, hijo de reyes, ciento y una herencias como la entregada a tu esposa Fátima no serían precio bastante alto por una hora a solas contigo. Nada es demasiado por el honor de que compartas mi aposento y la dicha de demostrarte mi afecto y lo que mi corazón alberga en favor de tu persona.

—Sólo fueron bromas de mujeres, esposo mío. No escuches al demonio que habla por su boca, presta tu atención a Alá que dispuso que yo fuera tu elegida, mi señor, de tu misma sangre y de tu misma familia, la que más te ama y la madre de tus herederos.

Volvióse Al-Nasir hacia el oficial Nasar y que haría llamar al fiel secretario eunuco, y que él haría cumplir su orden, que el califa tomaba la decisión de nunca volver a solicitar a su esposa Fátima, y le ordenaba abandonar las dependencias de las esposas principales, permitiéndole seguir viviendo en el harén con las otras servidoras sin privilegios de señora y otorgándole el único derecho de elegir entre permanecer bajo potestad marital gozando de la protección califal, o bien ser repudiada y salir de Palacio.

—Bienaventurada seas, Maryam, que has ganado con tu negocio mi afecto, en hora buena eres llegada a mí, que no sólo por su linaje designo mis compañías y prefiero la nobleza de espíritu y el encariñamiento y los cuidados a mi persona a otras cosas, y tú serás nombrada desde hoy gran señora de este palacio y dueña de mi afecto.

Fátima sintió desplomarse el mundo sobre su cabeza, brazos y piernas le fallaban viendo cómo el califa acompañaba a la esclava Maryam al interior de su alcoba y despedía al séquito pues deseaba quedar a solas con ella, y ella tañería el laúd, y cantaría y danzaría para él, y le recitaría sus poemas favoritos y le escanciaría el vino dorado en su copa y aún le pondría los dátiles y los dulces en la boca. Fátima se arrojó al suelo llorando su desdicha, mesándose los cabellos, rasgando sus velos y su tocado, golpeándose el pecho, flagelándose el cuello y los brazos, suplicando a Alá una clemencia que su rey no le otorgaba. Hamda y sus otras sirvientas personales hicieron otro tanto, gritando, como las plañideras de los funerales, la desgracia que había caído sobre su señora y sobre ellas, maldiciendo la astucia de Maryam que las había conducido a tan oscuro destino, elevando plegarias a Alá misericordioso y a su profeta Muhammad y aun invocando a otras fuerzas mágicas para que trajeran los peores males a Maryam. Los guardias eunucos del harén restablecieron el orden, obligando a las mujeres a entrar en las dependencias del aposento de Fátima, su alcoba sólo por una noche más. Era la primera vez que el resto de las esclavas madres y concubinas del harén veían a Fátima derrumbada, abandonados su orgullo y su autoconfianza. Ella, la altiva coreichita que caminaba la primera de entre todas, que presumía de su linaje y de ser prima del califa, y de ser la elegida y la madre de su amado hijo heredero Al-Mundir, y que despreciaba a las otras mujeres de su esposo, y las tachaba de incultas y de tontería y de liviandad, y sólo se dignaba hablar con sus sirvientas, ella, ahora, arrastrábase por el suelo, pidiendo a Alá la muerte antes que soportar la humillación de verse apartada de las principales, y besaba el mármol por donde había pisado el califa, suplicando que él se desdijese de sus órdenes, y se aferraba de tal manera a las paredes del corredor, que tuvieron que cogerla entre dos guardias y entrarla por la fuerza a su cámara.

Una vez en ella, Fátima se dejó caer sobre el lecho dispuesto

Fátima 207

para su cita frustrada. Todavía sus sirvientas iban y venían, de un lado a otro de la estancia regia, no atinando a hacer algo útil, sollozando como perdidas, sin explicarse a ciencia cierta qué había pasado, a resultas, o increpándose unas a otras no haber frenado el orgullo de su señora y haber adivinado la fina estratagema de Maryam. Sólo Hamda, la de más confianza, habiéndose arrodillado junto a la reina, tragó sus lágrimas, descalzó los pies casi inertes de su señora y los besó, acariciándoselos, y musitando cantos de duelo de los que se cantan junto a las tumbas en los cementerios. La más vieja dellas, que había sido ama de la reina antes de llegarse a Córdoba, preparó una infusión tibia con hoja de amapola y azahar y obligó a todas las mujeres a que la bebieran, incluida ella, y fumigó la cámara donde todas se habían juntado alrededor de Fátima, con vapores medicamentosos de incienso y mirra, que tan beneficiosos son para la mujer, y ordenó a la esclava más joven, de hermosísima voz, que entonase canciones de su niñez en tierras de Alejandría, pues bien sabido es que la música obra milagros. Entre la amapola y la adormidera que en secreto la vieja ama añadiera al brebaje, y el ambiente saneado con los inciensos, y los cantos de Jatima y los disgustos y las altas horas de la tan aciaga noche, pronto las sirvientas de Fátima se durmieron unas con otras, abrazadas como niñas pequeñas abandonadas en medio del desierto. Ganado el silencio, la vieja quiso acercarse a Fátima, a que descansara también, pues ya la suerte de sus destinos estaba sentenciada y mañana sería otro día, pero Fátima con una seña, le indicó que no iba a dormir y la anciana se retiró.

Se escuchaba el repiqueteo del agua en la fuente del patio oriental de Al-Munis, la bella fuente de mármol que el califa había mandado traer de Siria para obsequiarla en sus bodas y que a ella se le apeteció completar con doce figuras de animales hechas en el arsenal de Córdoba de oro rojo con incrustaciones de perlas y piedras preciosas. La melancolía la envolvió recordando que eligió el león para una de esas figuras por simbolizar la bravura de su señor, y el antílope para la elegancia, y la paloma para indicar la belleza de su alma, y el dragón… No, era imposible que su señor la castigase de ese modo por una tontería, él siempre la había preferido a ella, ella era la noble, su señor se tendría a menos de elevar al rango de señora a otra sin alcurnia, o sin linaje, cómo su señor no iba a regresar al otro día a decirle te perdono, esposa, y no cometas más errores de caer en trampas urdidas tan hábilmente para tu escarmiento, y ella diría loado sea Alá, todopoderoso, que descansa sobre tu mano, mi señor califa Al-Nasir, esposo mío…, imposible que él pueda olvidar las veladas en que le consultaba las obras del salón principal del palacio, contándole que el tejado lo había mandado hacer de oro y de mármoles transparentes y que las paredes eran de los mismos materiales, y que quería para este salón califal ocho puertas de oro y ébano, porque el ocho decíase en viejos manuscritos que representaba el infinito, y que los pilares serían de mármoles de varios tonos y de cristales como agua, y que haría instalar en el centro una gran pila con mercurio, para mezclarlo con los rayos del sol, pues le habían explicado el efecto de movimiento que a la vista tiene el mercurio, y quería impresionar a sus nobles y a otros monarcas. Ella le había aconsejado tomar a su servicio a Abdullah como inspector de los trabajos, y le había inspirado los motivos, los laberintos y las formas de los jardines, igual los de Al-Munis que los de la parte exterior del palacio. Ah, desdichada della, pero su señor había hablado pidiendo nota para el secretario eunuco, no cabía esperanza de que volviera sobre sus palabras, y ella tendría que abandonar su vida regalada y fácil de señora, la sultana, como la llamaban las esclavas cristianas del harén, tan parlanchinas, tan sonrientes esas cristianas, y ella nunca las miraba, pero en secreto le gustaba escuchar cómo decíanle sultana mientras pasaba orgullosa…, pagada de mí misma en exceso, qué torpeza, pensaba, cómo pudo nublarse así mi mente, y no reparar en que la adulación de Maryam traía mi perdición, y que, pretendiendo humillarla yo, ella me ha humillado a mí, ya para siempre, ¿qué haré ahora?, Alá misericordioso, si en algo aprecias mi vida, quítamela, ¿qué haré ahora?, apartada de mis privilegios, teniendo que ganarme la vida en palacio desempeñando alguna tarea, yo, que fui educada para ordenar en qué debía estar servida, y en cambio ahora, habréme de buscar un oficio digno y ganarme el sustento y renunciar a agasajos y ver de lejos lo que antes fuera mío, y aun agradecer que sigo bajo la potestad del califa, y qué será de mi hijo principal Al-Mundir, heredero de su padre y de mi padre, qué he hecho, cegada por la vanidad de mi rango, que Alá se apiade de mí y no me deje de su mano, qué pronto olvida mi señor esposo el perfume de mi piel y mi sumisión para su solaz, y los placeres refinados que le procuró mi compañía, qué pronto silencia lo que yo sé de sus melancolías y de sus miedos y de sus deseos de no moverse de mi lecho mientras yo le arrullaba con suaves palabras, y canciones de cuna y otros trucos de madre con que conseguimos que los niños afronten de nuevo el día, mas qué digo, sólo fue mío el error, me ha vencido en batalla encarnizada mi rival Maryam, que sabido es que todo es permitido en lides de amor, que son las peores guerras, y yo resulté vencida.

Levantóse Fátima para contemplar la luna llena desde una de las ventanas gemelas de su estancia, adornada con tres columnitas de mármol rosa y dos arcos con filigrana exquisita, aquella luna blanca como el nácar, orgullosamente sola y altiva en medio de la noche como azabache, esa misma luna llena que otrora la regocijara con sus secretos y diérale la bienvenida con fiestas íntimas y cantos entre sus servidoras, esta noche presagiaba la oscuridad más doliente, la del destino que se conoce y no ha de evitarse, y Fátima creyó sentir el ahogo de las estrellas en el mar de las tinieblas, y la perplejidad de las nubes, y la tristeza de la brisa.

Puedo enseñar el arte del bordado, es tarea digna de mi posición, oh, Alá todopoderoso, no me apartes de tu lado, qué dirán las mujeres del harén, las esclavas servidoras, las concubinas, las esclavas madres, las cantoras y todas las otras, y aun las más bajas sirvientas, las plañideras, las maestras, las mandaderas, las hilanderas, las comadronas, todas en palacio han de saberlo, toda la fasta ciudad de Medina al-Zahra lo comentará en los mercados y en las plazas, y en los baños, y en todo lugar donde se junten mujeres y también entre los hombres, que ellos se entienden igual que las hembras, y luego llegará la noticia a Córdoba, para mi vergüenza, Alá mi dios misericordioso, evítame la afrenta de que mi nombre corra de boca en boca entre las esposas de los visires y de los chambelanes y más tarde sirva de copla y de romance que cantarán las esclavas de las ferias y los circos ambulantes, y judíos y cristianos lleguen también a enterarse... Estas lágrimas como cristal que nunca antes fueron lloradas de mis ojos presagian que ya soy sólo una mujer más del harén.

Los pájaros dormían todavía en los jardines del hermoso patio al pie de su ventanal. Pronto las tórtolas y los gorriones, y el francolín, el estornino y el mirlo serían los primeros en agitar sus alas entonando los primeros trinos, despertando a las grullas, y a los cuervos, y a los gavilanes y a las águilas, y todos ellos y los otros pájaros venidos desde los cielos para acompañarlos, formarían el eco ensordecedor y familiar del patio de Al-Munis, pero el que más le gustaba a ella era el canto del ruiseñor, y cuántos ruiseñores había liberado ella de su cautiverio abriendo sus jaulas para escuchar en ese instante en que el ave comprendía su libertad, para escuchar, deleitándose con su trino majestuoso y sin par, su canto jubiloso y fantástico, y los dejaba ir, soltaba a los ruiseñores y los hacía volar, porque cuanto más batían sus alas, más hermosos eran sus trinos.

Suavemente como suspirando, abríanse las nieblas nocturnas, el sol incipiente derramaba hebras de azafrán sobre las colinas del paisaje cercano, había llegado el alba, el amanecer de su nueva existencia. Con leves pasos sobre la rica alfombra tejida en Persia, Fátima se acercó a su amada Hamda, y la despertó con un dedo sobre los labios, en señal de que no deseaba levantar ruido ni que las otras esclavas despertasen antes de lo conveniente. Le hizo traer las ropas blancas que llevó como duelo por la muerte de su querido padre. Le hizo saber que ya para siempre cubriría su cuerpo con vestimenta de color blanco, porque asumía el luto para el resto de su vida, y no llevaría collar ni adorno alguno, en señal de humildad, y para purgar su culpa consigo misma. Vistióla pues con el luto su esclava Hamda, sin protestar, y lágrimas abundantes caíanle por su rostro que nacían del corazón. Fátima, serena, se sentó a la puerta de su cámara y esperó, dispuesta, la llegada del secretario.

TODA AZNAR

Reina de Navarra
Era 996. Año vulgar de 958

La reina Toda Aznar mandó embajada a su sobrino Abd al Rahman III, primer califa de Córdoba, para que le proporcionara un médico que sanara a su nieto el rey Sancho I de León, llamado el Craso o el Gordo, de su terrible obesidad, pues que, como no podía sostener la espada ni montar a caballo, había sido destronado y se había refugiado en Pamplona, bajo el halda de su abuela.

La respuesta del mayor señor del Islam no se hizo esperar, envió al sabio judío Hasday ben Shaprut a la corte de Pamplona con la promesa de que curaría al rey gordo en Córdoba y con la manda de que se presentaran los tres reyes de la cristiandad en la ciudad del Guadalquivir para rendir vasallaje al califa, que los recibiría bien.

Toda, la anciana reina de Navarra (había cumplido los ochenta y dos en enero), mujer que fue de Sancho Garcés I, organizó el viaje a la capital de Al-Ándalus y lo pagó de sus dineros reduciendo las congruas de varios monasterios por dos años y empeñándose con varias aljamas de judíos del reino. Siguiendo el mandato de don Abd al Rahman, también la acompañaba su hijo el rey García Sánchez I.

La reina, aquella mañana de San Juan, antes de partir consultó con el agorador, que cató en cosa luciente, en concreto en el alfanje de oro de Musa ben Musa, uno de los regalos que le llevaban al califa, dejando a todos contentos porque los agüeros eran propicios. Porfió con el obispo, que quería rezar otra misa, otra más, y eso que habían oído una de larga prédica, porque el religioso era contrario a que los reyes, los valedores de Cristo en Hispania, se postraran ante don Abd al Rahman, un infiel. Se encaró con un soldado de los que presentaban armas en la plaza de Santa María para que ajustara bien la cincha de su caballo. Revisó las provisiones que llevaban con el despensero. Preguntó por el ecónomo y la arqueta de los dinares. Mandó a sus damas que dispusieran en su carro un altarcillo para los restos mortales de santa Emebunda, su reliquia más querida, que precisamente le regaló la reina Iñiga, su madrastra, cuando, por orden del rey don Fortún el Tuerto, se fue a Córdoba a desposarse con el emir Abd Allá, como venía sucediendo con varias señoras navarras que maridaron con otros emires. Discutió con los capitanes, que querían tomar la ruta de Cesaraugusta en vez de la del Duero, por ser más segura y transitada. Se ocupó de los cautivos, que le devolverían al califa. Consiguió que el rey gordo entrara en su carreta, vive Dios, el pobre Sancho, que no cabía por la puertecilla y los hombres hubieron de empujarle. Y pidió a don Hasday que sanara al rey gordo en Pamplona para viajar más holgados, a lo que el judío se negó una vez más...

Toda se despidió de las dos reinas, de la actual y de la repudiada, de los hijos de García; del obispo, de varios abades que habían ido a decirle adiós; y del pueblo que, afincado en la ciudad o venido de lejos, se apretaba en la plaza y la vitoreaba, seguro de que la reina no se postraría ante el califa, que ya se las ingeniaría para no hacerlo, para dejar bien altas las enseñas de Navarra, puesto que ¿no lo había derrotado en Alhándega quitándole el Alcorán y la armadura de gala, dos objetos que, desde entonces, estaban bien guardados en el castillo de Pamplona...? Y si había de rendir homenaje que lo hiciera, ella sabía bien de negocios de Estado, llevaba en su sangre la brava herencia del rey Iñigo Arista, el primer señor de Navarra, y lo demostraba, no como su hijo García, el rey, que era indolente; además ya lo hizo, ya se inclinó ante el emir en Calahorra, cuando venía derecho y a marchas forzadas contra la capital del reino. Que hiciera lo que tuviera que hacer, lo que considerase oportuno, porque era mejor tener a don Sancho, enflaquecido y agradecido en León, que a Ordoño IV, llamado el Malo o el Jorobado que, pese a ser también nieto de Toda, era veleidoso y mendaz, porque había que asegurar la parte de la Rioja, la tierra que dieron a Navarra los emperadores de León en tiempos pasados. La comitiva cristiana compuesta por unos trescientos hombres y la musulmana, con unos ciento, atravesaron la puerta de la Ribera y el puente del Arga camino del Ebro con las albendas desplegadas. Mientras anduvieron por tierra cristiana los pamploneses fueron los primeros, cuando entraron en tierra mora los cristianos pasaron a ser los segundos. Hicieron el mismo camino realizado por el rey Fortún, que estuvo veinte años preso en Córdoba: montes del Perdón, paso del Ebro en el lugar de Varia, sierra de Cameros, castillo de Oria o Soria y Almazán; y ya Al-Ándalus: Medinaceli, Guadalajara, puente largo del Jarama; Toledo, donde tomaron la Vía de la Plata, que hicieran los romanos; Castro Julia (Cáceres), dejaron a la derecha Mérida y Medellín, para entrar en la plana de Córdoba y en la ciudad, la mayor del Islam, tan rica y poblada como Samarra o Zabra al Mansuriyya, siendo agasajados y servidos en todas partes.

La reina, pese a que podían haber acortado, quiso hacer el mismo recorrido que su bisabuelo porque, estaba demostrado, se podía ir a Córdoba y volver a Pamplona, y eso que venía con sus damas y la reliquia de santa Emebunda, todas muy apretadas en el carro.

A dos leguas de la ciudad del Guadalquivir, los cristianos avistaron a lo lejos una tropa musulmana, sin duda de bienvenida. La reina Toda envió a su camarera mayor con una orden para el alférez pamplonés: «Esta noche, mande el capitán que se despiojen los hombres unos a otros, que se laven, vistan sus uniformes de gala e que, en la ciudad, no coman todos a un caldero, que vean y hagan como sea costumbre allí». Y ya recibió a los señores de Córdoba, a Chaafar ben Uthmán, el prefecto de la guardia y primer ministro (un esclavo eunuco, de los llamados esclavones, de cabello bermejo, traído de Europa del Norte, que había llegado a ser favorito del califa), al juez supremo, a varios generales y otras gentes de pro que, bajo unos entoldados y sobre gruesas alfombras orientales, le ofrecieron refrigerio.

Los reyes de Navarra atendieron a lo mejor de Al-Ándalus, a

falta del califa y sus hijos, y para todos tuvieron palabras de agradecimiento. El rey de León no pudo salir de su carro, había engordado más.

A la entrada de la ciudad, Chaafar cabalgaba parejo a la carreta de la señora Toda e iba explicándole lo que veía: «Córdoba la llana... un millón de almas, doscientas mil casas, más de sesenta mil edificios públicos, cuarteles, escuelas y hospitales; cuatro mil mercados; mil mezquitas, novecientas casas de baños, todo agrupado en la medina y veintiún arrabales con una extensión de diez millas, dominadas por la Qasaba o Alcázar... Los jardines de la mano derecha pertenecen al palacio real... El río es manso, el puente tiene diecisiete arcos y fue construido por Octaviano, segundo césar de Roma... Os alojaréis, señora Toya, en el palacio de La Noria, que fuera residencia del emir Abd Allá...».

La reina Toda, Toya como decía Chaafar, no tenía ojos para lo que veía. Al atravesar la puerta llamada de Toledo, y también de la Recta Dirección y del Osario, tantos nombres le dio el eunuco, le latía muy fuerte el corazón y, en un aparte, cruzó parabienes con sus damas.

A lo largo del recorrido, una guardia de hombres, ataviados con pectorales de oro, rendía honores. La comitiva tomó la calle Mayor, Carnicerías, Judería, Caldoneros, unos callizos muy estrechos por donde casi no cabían los carros. En la puerta del Alcázar hicieron un alto en el camino. Ibn Bard, otro eunuco favorito del califa, que dirigía las obras de la fachada norte de la mezquita mayor, presentó sus respetos a los reyes que, rodeados de los grandes del reino, recibieron varias delegaciones cordobesas, que les dejaban a los pies ramos de arrayán y les traían a las manos agua de rosas.

Saliendo por la puerta de Al Kantara, enfilaron la ronda del Guadalquivir y la explanada llamada Al Musara, donde se celebraban los actos públicos, para avistar el palacio de La Noria, lugar de residencia de los navarros.

Continuaba Chaafar: «Aquí, señora, en La Noria, estuvieron hospedados los embajadores de Constantinopla y los del emperador Otón de Germania, y ahora la reina Toya y los reyes García y Sancho... larga vida a tan altos señores...».

Franquearon la puerta de hierro del palacio de La Noria. Entraron en un amplísimo jardín y caminaron bajo arcos de flores. Los navarros admiraron la fábrica de la casa principal. Los nobles de Córdoba se despidieron de los reyes en las escaleras de acceso, mientras varios esclavos bajaban los baúles de aparato y otros se hacían cargo de caballos y mulas. La tropa y la servidumbre de Pamplona fueron instaladas en una casa aneja.

Hasday ben Shaprut suplicó la atención de la reina: se retiraba con Sancho el Craso a un ala de palacio para curarle y le instaba a que se despidiera de él, asegurándole que si resultaba un buen paciente ya no volvería a verlo gordo; que lo iba a someter a una cura de adelgazamiento de cuarenta días, y que se lo llevaba con la licencia de la señora Toya.

Toda Aznar apretó la mano de su nieto y lo dejó al cuidado del médico. Una lágrima apuntó sus mejillas, pero la contuvo. Ella, que había vencido a don Abd al Rahman en la batalla de Alhándega, no podía llorar y que la vieran. Y si don Sancho sufría, y ella también lo hacía por el padecimiento del nieto, estaría bien empleado, todo fuera por el reino de León...

Corrió por Córdoba, y fue la comidilla en las casas nobles, que los navarros, apenas descabalgaron, se metieron en los baños de sus habitaciones y que estuvieron holgando en la agua caliente varias horas hasta acabar arrugados como uvas pasas; y que se asombraron sobre manera de que, por un ángulo de la bañera, saliera agua corriente.... porque, en Pamplona, se bañaban en una tina, y no tenían aprecio al agua.

Y, en efecto, en la casa principal, la reina y sus damas por un lado, y el rey García y sus caballeros, por otro, se introdujeron en aquellas amplísimas bañeras y estuvieron varias horas, repitiendo día tras día, porque nunca habían visto portento semejante, nunca habían visto agua entrando por un orificio y saliendo por otro en un baño, como si de una fuente se tratara. Eso sí, en la cena, los navarros comentaron abundantemente que en Pamplona las gentes, principales y menudos, eran pobres como ratas, y se preguntaron si habrían traído pocos regalos, poca cosa, para el soldán que los recibiría en Medina al-Zahra pasadas cuarenta y ocho horas, una vez descansaran.

216 *La sultana y la reina*

El día de la vista, la reina Toda se avió con sus mejores galas, con el brial de plata y oro que luciera en Pamplona para la Pascua de la Epifanía, con el velo de seda de Constantinopla que le cosieran sus damas durante el largo viaje, con el cinturón mágico de la antigua reina Amaya, muy válido contra venenos, con las joyas de la reina Nunila, y revisó personalmente los regalos que traían para el califa. El rey García vistió la armadura de Iñigo Arista, su antepasado en el trono, la espada de Sancho Garcés, su padre; la loriga de plata de Al Tawill, que fuera gobernador de Huesca; calzas carmesíes, y la corona de oro: un aro grande con incrustaciones de jaspe negro y la esmeralda del rey Fortún. Las damas y los caballeros lucieron sus mejores prendas.

Los pamploneses montaron en los carros. Abría la comitiva una escuadra de lanceros negros. Seguía otra de lanceros cristianos con las albendas de Navarra. Una multitud alegre y vitoreante, sostenida por la guardia armada a lo largo de todo el camino, aclamaba a los reyes cristianos, que eran puntualmente informados por los chambelanes de adónde iban. A Medina al-Zahra, una nueva ciudad situada a cuatro leguas de Córdoba, construida por Abd al Rahman III con el legado de Azahara, una de sus esposas favoritas, que al morir destinó su fortuna al rescate de cautivos musulmanes de las marcas cristianas del norte, pero se enviaron mensajeros a comprar cautivos y no encontraron, por eso el califa cumplió otro deseo de la dama: levantar Medina al-Zahra.

Los reyes García y Toda entraron en el recinto urbano montados en sus carros, los demás hubieron de apearse. Hacían honores soldados del ejército, esclavos y arqueros. Marchaban por una calle ancha empedrada de sillares pulidos y cubiertos con una tela de plata. Ascendieron por una rampa al oriente y la comitiva se detuvo definitivamente en una amplia terraza enlosada de mármol pulido de color morado con salones abiertos a levante y a poniente.

Acudió mucha gente. Los reyes bajaron de sus carros, asombrados de tanto lujo, pesarosos tal vez de la riqueza de los musulmanes y de la pobreza de los cristianos.

Un general los introdujo en el salón Al Munis, una enorme

estancia abovedada con los techos decorados con motivos vegetales, con una fuente en el centro... Al fondo el trono de don Abd al Rahman repujado en oro y repleto de joyas.

Los señores de Navarra avanzaron entre dos filas de señores principales, autoridades y parientes del califa. Éste descendió del trono y caminó a su encuentro. Los saludó a la manera musulmana, con tres besos en la cara, y los acompañó a unas sillas de oro.

Toda Aznar miró a su sobrino, don Abd al Rahman, al hijo de la vascona Muzna, que maridó con un hijo del emir Abd Allá, y lo contempló de forma diferente a como lo vio en Calahorra, cuando le rindió vasallaje para que no continuara su razzia hasta Pamplona, lo que consiguió a Dios gracias. Lo observó. El califa había envejecido, sensiblemente. Ya no tenía el cabello de color melena de león, o quizá se lo tiñera porque bajo el turbante verde (color exclusivo de los descendientes de Alí, el yerno de Mahoma), surgía negro, ah, pero sus ojos azules profundos seguían siendo los de Muzna y no habían perdido brío ni brillo con la edad. Ah, que no atendía la reina, que se distraía de la ceremonia, ¿quién le había de decir hace un año tan sólo que había de personarse en Córdoba a rendir pleitesía a su mayor enemigo? Si hacía tal, si García hacía otro tanto, era para que el sabio Hasday curara al rey gordo y que éste fuera repuesto en el trono, lo hacía por razones de Estado, que no de corazón. El corazón de la reina estaba en Alhándega viendo cómo corría el mayor señor del Islam por el campo de batalla, contemplando cómo los jinetes moros volvían grupas hacia Al-Ándalus, a uña de caballo, dejando todo, pues la cuestión era huir de aquella carnicería. Y ella, Toda, blandiendo espada vengadora, representando a su hijo García, que era menor de edad. Ah, pero se distraía, y no era cortés, no debía encandilarse en tiempos antiguos. Por eso volvió al mundo y escuchó a su sobrino nombrar a sus hijos e hijas y a los notables; dar la bienvenida a los navarros, saludar al ausente Sancho y ofrecerse a reponerlo en el trono de León prestándole un gran ejército que derrotaría a Ordoño IV el Malo, porque el sitial fue del padre y del hermano de Sancho, de don Ramiro II y de don Ordoño III, respectivamente, luego le correspondía a él, y no al otro. «Nos, lo volveremos a su trono que, bien sabemos, fue de su padre y de su hermano, le daremos mucho más de lo que pide», así se expresó el Padre de los Creyentes.

La reina Toda no cabía en sí de gozo. Cruzó con su sobrino los regalos de rigor y escuchó el tratado a firmar. Terminada la ceremonia en el nombre de Alá, el Clemente, el Misericordioso, los navarros pasaron a los salones privados del califa. ¡Un mundo los salones privados del califa! ¡Un mundo!: los muros enchapados de jaspe y pórfido, la gran perla colgando del techo, la pila de azogue a ras de tierra... el mercurio que, movido por un esclavo, lanzaba irisaciones de plata y parecía que la habitación se ponía en movimiento, mareando a los que contemplaban el prodigio. Ah, que los pamploneses no habían visto otro tal...

«¡Ah, señor sobrino, qué cosas he de contar en Pamplona, cuánto agasajo.» «Lo que merece tan grande reina, señora tía.» «Dame permiso, señor, para visitar las tumbas de Muzna, tu madre, y de la reina Iñiga, mi madrastra, que se portó bien conmigo.» «La señora tiene mi beneplácito...»

A la caída de la tarde, el califa sirvió a los navarros una comida suntuosa, lo mejor de sus mares, lo mejor de sus tierras, eso sí faltó vino. Luego, ofreció varios espectáculos muy donosos.

La reina y sus damas se escandalizaron de unas mujeres que movían el vientre al son de unas músicas, pero no hicieron comentarios. Tornaron a La Noria rotas de cuerpo, pero satisfechas. Don Sancho volvería a León victorioso y ellas a Pamplona. *Laus Deo virginique Matri.*

Las señoras de Navarra fueron atendidas por la hijas del califa. Llevadas, traídas, agasajadas y hasta jaleadas. Descubrieron un mundo nuevo. Se admiraron de las costumbres musulmanas, unas veces las reputaron malas y otras buenas, porque había de todo, como en la cristiandad. Lo que menos entendieron es que un moro pudiera tener cuatro mujeres legítimas y cuantas concubinas quisiere, pues lo que decían entre ellas que las mujeres en Navarra habían de quitarse a los hombres de encima y en Al-Ándalus se rifaban una noche con su marido o amo. Demasiada diferencia, y eso que todos vivían en un mismo solar, que fuera de los romanos y los godos.

El rey gordo fue tratado por Hasday. Adelgazó setenta arrobas pamplonesas, la mitad del peso que trajo de Navarra. Se dijo que no comió en cuarenta días, que lo mantuvieron dormido, o hechizado, y las malas lenguas sostuvieron que el judío le cosió la boca. Sea como fuere, don Sancho volvió a estar flaco con gran contento de su abuela.

Entrado diciembre, como la señora Toda había conseguido su propósito, pues había logrado que don Sancho adelgazara, y como lo quería ver repuesto en el trono de León antes de que Dios la llamara a mejor vida, dispuso el viaje de regreso para antes de Navidad. En tres días los navarros hicieron el equipaje y fueron despedidos por el califa y por los notables de Córdoba con mucha pompa y alharaca.

Toda y sus camareras montaron en el carro, y se apretaron unas con otras pues había poco espacio. Y eso, ya iban otra vez todas prietas en el carro.

En Toledo, don Sancho se despidió de los reyes de Pamplona, de Toda y de don García, prometiendo guardarles eterno agradecimiento, y partió camino de León con el ejército musulmán que había de reponerlo en el trono que fuera de su padre y de su hermano.

Los reyes de Navarra tomaron la vía de Cesaraugusta para no hacer el mismo recorrido de ida, que había sido malo. En Pamplona fueron recibidos con mucho cariño.

El ejército moro de don Sancho tomó la plaza fuerte de Zamora para asegurar que no quedaban enemigos por el flanco izquierdo y apenas iniciada la primavera sitió la Ciudad Regia. Junto al rey destronado acudieron varios condes gallegos, obispos y abades, y se sumaron a las tropas del califa. En la ciudad de León, doña Elvira, hermana de don Sancho y abadesa del monasterio de San Salvador, compró a unos y vendió a otros, haciendo grande tarea en favor de su hermano, el caso es que a principios de verano el rey Ordoño IV el Malo huyó a Asturias con sólo dos caballeros. Al día siguiente, don Sancho fue coronado rey en la iglesia de San Juan Bautista.

La reina Toda se holgó con la noticia. «No hemos perdido el viaje», dijo, pero erró, fue inútil, porque don Sancho fue envenenado con una manzana pozoñosa por uno de sus condes, por Gundisalvo Menendo, un traidor, apenas un año después de su proclamación. Le sucedió su hijo Ramiro III, un recién nacido. Fue regente doña Elvira, la abadesa.

ÍNDICE

Prólogo de Rosa Regàs
Un milagro de la vida cotidiana   5

LAS ESCLAVAS
    BÀHAR   13
    ALBINA   23

LAS PROSTITUTAS
    SIHR   33
    LUPA   45

LAS CAMPESINAS
    AYSÛNA   55
    AVA   64

LAS TABERNERAS
    JAMMARA   73
    FLORIA   83

LAS MENESTRALAS
    MU'MINA BINT AHMAD, joyera   93
    PETRA CONILL, panadera   104

LAS SANADORAS
    SÎBAWAYH   113
    TALEJA   126

LAS INTELECTUALES

WALLADA LA OMEYA, poetisa y artista. . .   135

ENDE, pintora   147

LAS RELIGIOSAS

ZAYNAB AL-BAYYÂNÎ, copista del Corán .   157

ELVIRA RAMÍREZ, abadesa y regente. . . .   170

LAS NOBLES

UMM AL-KIRAM, princesa y sobrina
de Al-Mutasim de Almería   179

SANCHA RAMÍREZ, infanta de Aragón
y condesa de Urgell.   191

LA SULTANA Y LA REINA

FÁTIMA, sultana y primera esposa
de Abd al Rahman III.   201

TODA AZNAR, reina de Navarra   211

Diseño: Winfried Bährle
Ilustración de la sobrecubierta: *Jardin d'amour à la cour
de Philippe Le Bon, dans les jardins du château de Hesdin*, 1431.
Versailles, Château. Foto Giraudon
Ilustración de las guardas: Cristina Ríos

Círculo de Lectores, S.A. (Sociedad Unipersonal)
Travessera de Gràcia, 47-49, 08021 Barcelona
www.circulolectores.com
3 5 7 9 9 9 0 7 8 6 4 2

Licencia editorial para Círculo de Lectores
por cortesía de Emecé Editores.
Está prohibida la venta de este libro a personas que no
pertenezcan a Círculo de Lectores.

Copyright © Ángeles de Irisarri y Magdalena Lasala, 1998
Copyright © del prólogo: Rosa Regás
Copyright © Emecé Editores, 1998

Depósito legal: B. 26966-1999
Fotocomposición: punt groc & associats, s.a., Barcelona
Impresión y encuadernación: Printer industria gráfica, s.a.
N. II, Cuatro caminos s/n, 08620 Sant Vicenç dels Horts
Barcelona, 1999. Impreso en España
ISBN 84-226-7852-7
N.º 17590